文创产品设计

马黎 陈哲 主编 /
孙浩澜 李隆宇 卢文军 副主编

清华大学出版社
北京

内 容 简 介

本书深入探讨文化创意产品设计的理论与实践，系统分析文创产品创新设计的多个维度，如形态、功能、材料等，并结合 IP 消费体验的趋势，探讨文创产品在 IP 开发、设计运用和叙事体验等方面的策略，提出"全链路式"的设计流程，覆盖从创意到市场的各个阶段，并提供实操性的指导。

本书适合视觉传达设计专业、工业设计专业、艺术设计专业、文化产业管理专业、广告与媒体传播专业、文化遗产与博物馆学专业、创意产业与创业等专业作为教材使用，也适合高校设计专业教师、设计行业工作者、文化产业从业者、市场营销和品牌管理专业人士、文化政策和规划部门的公务员、手工艺品制作者和传统艺人等作为参考书使用。

图书在版编目（CIP）数据

文创产品设计 / 马黎，陈哲主编. -- 北京 : 清华
大学出版社 , 2025. 2. -- ISBN 978-7-302-68156-4
Ⅰ. G114
中国国家版本馆 CIP 数据核字第 2025NA3429 号

责任编辑：王剑乔
封面设计：马　黎
责任校对：刘　静
责任印制：沈　露

出版发行：清华大学出版社
　　　　网　　　址：https://www.tup.com.cn，https://www.wqxuetang.com
　　　　地　　　址：北京清华大学学研大厦A座　　　　　邮　　编：100084
　　　　社 总 机：010-83470000　　　　　　　　　　邮　　购：010-62786544
　　　　投稿与读者服务：010-62776969，c-service@tup.tsinghua.edu.cn
　　　　质量反馈：010-62772015，zhiliang@tup.tsinghua.edu.cn
　　　　课件下载：https://www.tup.com.cn，010-83470410
印 装 者：涿州汇美亿浓印刷有限公司
经　　销：全国新华书店
开　　本：210mm×285mm　　　印　　张：11.25　　　字　　数：307千字
版　　次：2025年2月第1版　　　　　　　　　　　印　　次：2025年2月第1次印刷
定　　价：79.00元

产品编号：104549-01

前 言

国家对文化创意产业的高度重视体现了对该产业在推动经济发展、促进文化传承和创新，以及提升国家软实力方面具有关键作用的认可。文化创意产业以其独特的文化价值和创新能力，成为国民经济的重要组成部分，对于促进产业结构优化升级、增强文化竞争力和文化影响力具有显著意义。

随着全球化和信息化的加速发展，文化创意产业迎来了前所未有的发展机遇。为了把握这些机遇，创新设计案例的实践和课题研究成为推动该产业发展的重要手段。在这样的宏观背景下，教育领域开始重视文创产品设计人才的培养，开设相关课程，以满足市场对此类人才的需求。同时，"全民创新，万众创业"的政策号召进一步激发了社会各界对创新创业的关注和投入，为文创产品设计领域注入了新的活力。

本书总结了大量成功案例，从教学和文创产品设计管理的角度，系统地介绍文创产品设计。通过将"产、学、研、用、创"模式应用于实际探索中，培养学生与市场接轨的能力，以满足文化创意产业的需求。作为文创产品设计教育工作者，编者深知文化创意产业的重要性，并希望通过本书传达坚守中华文化立场，提炼和展示中华文明的精神标识与文化精髓。

本书深入探讨了文创设计的发展脉络和核心设计理念，目的是让读者能够迅速把握文创设计的本质，并有效掌握其方法和流程。这种教学导向的方法不仅有助于读者构建系统的设计知识体系，也强化了他们在实际工作中应用这些知识的能力。

从市场方向来看，本书的内容和结构紧密贴合当前文创产业的需求。通过介绍文创产品设计的原则和流程，本书为设计师提供了一套实用的工具和方法，使他们能够更好地理解市场趋势，预测消费者需求，从而创造出既具有商业价值又富有文化内涵的产品。此外，编者在书中分享的教学和实践经验，也为设计师如何在竞争激烈的市场中保持创新和竞争力提供了指导。

综上所述，本书不仅是一本传授文创设计知识和技能的教材，也是一本指导设计师如何在市场中成功应用这些知识和技能的实用手册。通过不断更新的设计知识和丰富的实践经验，本书旨在培养出能够适应和引领市场发展的文创设计人才。

本书由上海出版印刷高等专科学校的马黎和华南农业大学的陈哲担任主编，根据艺术设计类专业的特点和人才需求，将理论知识应用于实践教学中，以培养学生的学习兴趣和实践能力，提升教学质量，从而适应行业的发展和需求。书中选用了部分学生的优秀作品，在此对他们表示感谢。同时，特别感谢孙浩澜、李隆宇和卢文军的大力支持。最后，我要感谢我的女儿李韩博妍，是她的优秀，让我有更多的动力和勇气去探索和创造。文创产品的设计理念和设计趋势一直在发展和变化，书中所能收集和整理的案例有限，加之编者的时间和水平有限，难免存在遗漏和不足之处，恳请专家和读者批评、指正。

马　黎

2025 年 1 月

目 录

DESIGN

第一章
认识文创产品设计内涵

学习导语

本章将介绍文创产品设计的概念、历史、发展趋势、设计方法和评价标准等内容。通过本章的学习，读者能够掌握文创产品设计的理论知识，了解其发展历程、设计思路和评判标准，为后续更深入的学习打下坚实基础。

学习目标

1. 了解文创产品设计的概念、历史和发展趋势。
2. 掌握文创产品设计的理论知识和实践技能。
3. 能够独立设计出具有创意和美感的文创产品。

第一节　文创产品概述

一、文创产品的基本概念

文创产品是指以文化创意为核心，以设计为手段，将文化资源转化为具有经济价值和社会价值的创意产品和服务。文创产品包括但不限于工艺品、美术品、设计产品、文化旅游产品、影视产品、音乐产品、游戏产品、动漫产品等。

文创设计也称文化创意设计，是指以文化创意为核心，以设计为手段，将文化资源转化为具有经济价值和社会价值的创意产品和服务的过程。文创设计涉及的领域非常广泛，包括但不限于产品设计、平面设计、建筑设计、服装设计、动画设计、游戏设计、影视设计、音乐设计等。

二、文创设计的特点

以文化创意为核心：将丰富的文化内涵融入产品中，设计师需要深入挖掘特定文化的精神理念、艺术风格、传统工艺等元素，并巧妙地体现在产品的造型、材质、工艺等方面。文化创意是文创设计的灵魂，是文创设计区别于其他设计领域的关键所在。

跨界融合：文创设计是跨界融合的产物，它将文化、艺术、设计、科技等多种元素融为一体，创造出具有新意和价值的创意产品和服务。

创新性：文创设计具有很强的创新性，它不断突破传统的设计思维和模式，创造出前所未有的创意产品和服务。

可持续性：文创设计具有可持续性，它不仅能够满足人们的物质需求，还能满足人们的精神需求，并能够促进社会的发展。

第二节　文创产品的分类

一、基于不同标准的分类

文创产品的分类可以根据不同的标准进行，常见的分类如下。

文化资源类型：文创产品可以根据其所依托的文化资源类型进行分类，包括历史文化类、艺术类、民俗类、科技类、自然类等。

创意类型：文创产品可以根据其创意类型进行分类，包括原创类、改编类、衍生类、跨界类等。

设计类型：文创产品可以根据其设计类型进行分类，包括平面设计类、三维设计类、工业设计类、建筑设计类等。

生产类型：文创产品可以根据其生产类型进行分类，包括手工制作类、机械生产类、数字化生产类等。

销售类型：文创产品可以根据其销售类型进行分类，包括实体销售类、线上销售类、定制销售类等。

扩展知识

一、一些文创产品的例子

1. 文化符号性（cultural symbolism）

敦煌艺术是中华民族璀璨文化宝库中的瑰宝，其中蕴含着丰富的文化符号。以敦煌壁画、雕塑、泥塑中常见的飞天、罗汉、菩萨等形象为创意灵感，这些图像符号不仅具备华美的视觉形式，更蕴含了丰富的文化内涵和寓意。比如飞天代表天人合一的理念、罗汉形象寄托了出世智慧等。这些深厚的文化寓意被巧妙融入现代产品设计，让观者在欣赏之余领会文化的精神内核（图1-1）。

2. 文化移情（cultural metaphor）

中国龙元素设计的家纺产品（图1-2），将龙的形象移植到家纺用品之上，实现文化符号与生活用品的巧妙结合。中国龙自古就是中华文化中最重要的象征符号之一，代表着吉祥、力量和尊贵，具有非常浓郁的文化内涵。将其移情于家纺产品设计，赋予了这一日常生活用品非凡的文化意蕴。

图1-1 敦煌飞天图像创作（设计者：马黎）

图1-2 中国龙元素设计的家纺产品（设计者：马黎）

3. 文化创新（cultural creativity）

饰品作为时尚产品，必须与时尚理念相契合。"圆"在中国文化中有着非常重要的寓意，代表着天圆地方、太极、和合统一等哲学意蕴。它是中国传统造型艺术中最基本、最经典的几何元素。将"圆"这一传统元素与现代金属切割工艺结合，注入了全新的视觉语言和制作手段。金属切割工艺可以精准刻画出"圆"的流畅曲线，同时也赋予其通透飘逸、现代感十足的质感，为传统的"圆"注入了现代活力（图1-3）。

图1-3 以"圆"为元素的饰品设计（设计者：马黎）

4. 文化整合（cultural integration）

以苏绣工艺与青花瓷元素融合设计的服装，展现了跨领域、跨文化的整合创意。苏绣与青花瓷是中国两大传统工艺，前者属于纺织类，后者属于瓷器类。将两者有机结合，将刺绣的纹样移植到瓷器花纹之上，再将其应用于时装设计，实现了两种文化元素的无缝整合，创造了独特的视觉美学体验（图1-4）。

图1-4　文化整合设计的服装（设计者：马黎）

5. 文化可持续（cultural sustainability）

柔版印刷属于平版印刷的一种，不使用油墨，减少了有害物质排放。环保袋作为可重复使用的日用品，本身就体现了可持续发展的理念。将校园文化元素印制于环保袋之上，实现了文化传承与环境保护的完美结合，有利于培养师生环保意识。这一文创产品案例巧妙利用视觉元素和使用场景，将抽象文化理念转化为生活实践，从而确保了文化传承的持久性和可持续性，对于校园文化建设和环境教育都有着重要意义（图1-5）。

图 1-5　校园环保袋设计（设计者：马黎）

二、具有中国特色的文创产品

优秀的中国风文创设计紧密源于中华文化的原真性。所谓中华文化的原真性，是指对中华文化本质特征的忠实呈现和深刻理解，包括其历史根源、核心价值、艺术形式、语言文字、生活方式、自然观、创新精神以及多元一体的特质，体现了一种对文化传统尊重和维护的态度。

设计师需要对中国传统文化有深入的研究和领悟，从中提炼出精华元素，如造型、色彩、纹样、材质等，并熔铸于设计之中，使作品具备鲜明的文化识别度。只有扎根中国传统文化的原真性，作品才能彰显独特的文化气质和内在底蕴。具有中国特色的文创产品有以下几个方面的内容。

中国传统工艺品：陶瓷、刺绣、木雕、漆器、竹编、金属工艺品等（图 1-6 和图 1-7）。

中国传统美术品：油画、国画、书法、版画、雕塑、摄影作品等。

中国传统服饰：旗袍、唐装、汉服等。

图 1-6　金属工艺品设计（设计者：马黎）　　　　　图 1-7　木质表情玩偶设计（设计者：马黎）

　　中国传统食品：月饼、饺子、汤圆、粽子等。很多中国传统食品背后都蕴含丰富的历史文化、地域风情等，这些都可以作为文创产品的创意源泉。例如，粽子的端午节文化、月饼的中秋节传统、豆腐的养生理念等，都可以提炼出独特的文化内涵。在保留传统食品原有形态的基础上，可以进行创意性的包装设计。在传承传统的同时，适当融入现代审美和生活方式元素。

　　中国传统建筑：故宫、长城、天坛、颐和园等。

　　总的来说，具有中国文化特色的文创产品设计，应当贯彻文化原真性、创新阐释性、情感亲和力、智慧融合性和工匠精神性等理论理念，才能真正实现对中华文化精髓的完美诠释和创新发展，展现中国设计的独特魅力（图1-8和图1-9）。

图1-8　桌面氛围灯造型设计（设计者：马黎）

图1-9　上海旅游纪念品设计（设计者：马黎）

　　如图1-10所示传统食品文化礼品包装设计将环保与文化传承进行融合，一方面，通过环保材质和理念展现对可持续发展的责任；另一方面，巧妙提炼中国节日元素，让包装散发浓郁文化气息，给人视觉愉悦和情感体验。

图1-10　传统食品文化礼品包装设计（设计者：马黎）

　　在材质选择上，使用可再生、可降解的环保纸张，如再生纸、草本纸、竹纤维等，体现环保理念。视觉设计上巧妙融入中国传统节日元素，如窗花、剪纸、春联、吉祥图案等，使用传统喜庆色彩如大红、桃红等，将节日氛围融入其中。同时，注重细节设计，手感质地、开启方式等，让拆包装动作成为一种仪式感体验，采用剪绳扎结、盒盖上盖等传统工艺，彰显中国元素。

二、基于结合方式的分类

根据文创设计中文化与创意的结合方式，可以将文创设计分为以下几类。

（一）文化元素融入型

文化元素融入型文创设计是指将文化元素融入产品或服务的设计中，使产品或服务具有鲜明的文化特色。例如，将中国传统剪纸艺术融入服饰设计中，使服饰具有独特的中国风，如图 1-11 所示。

图 1-11　中国传统剪纸艺术融入服饰设计（设计者：马黎）

（二）创意元素融入型

创意元素融入型文创设计是指将创意元素融入文化产品或服务的设计中，使文化产品或服务更具创意性和新颖性。例如，将现代科技元素融入传统戏曲表演中，使戏曲表演更具现代感和科技感。

（三）文化与创意融合型

文化与创意融合型文创设计是指将文化元素和创意元素有机地融合在一起，创造出具有鲜明文化特色和高创意价值的产品或服务。例如，将中国传统山水画与现代抽象画相结合，创造出具有中国风韵的现代抽象画，如图 1-12 所示。

图 1-12　中国风韵的现代抽象画（设计者：马黎）

（四）文化与创意并重型

文化与创意并重型文创设计是指在文创设计中，既注重文化元素的融入，也注重创意元素的融入，使文化产品或服务既具有鲜明的文化特色，又具有很高的创意价值。例如，将中国传统戏曲与现代流行音乐相结合，创造出具有中国风韵的现代流行音乐。

（五）文化与创意互补型

文化与创意互补型文创设计是指在文创设计中，文化元素和创意元素相互补充、相互促进，使文化产品或服务既具有鲜明的文化特色，又具有很高的创意价值。例如，将中国传统书法艺术与现代平面设计相结合，创造出具有中国风韵的现代平面设计作品。

三、基于用途分类

（一）功能性文创产品

从商业角度看，功能性文创产品具有较高的附加值。通过文化创意的加持，产品能够获得更高的市场认可度和品牌溢价。这种提升不仅体现在直接的经济效益上，还包括品牌形象的提升和用户黏性的增强。成功的功能性文创产品通常能形成独特的品牌识别度，在市场竞争中占据优势地位。例如，定制手账如图 1-13 所示，融入民族风、复古风、简约风等设计元素，除了具备记录功能外，还具备收藏和艺术欣赏的价值，使其不仅是一个普通的文具，更是一件体现个人品位的艺术品。

（二）装饰性文创产品

装饰性文创产品设计，如摆件、挂饰、墙饰等，应考虑如何通过设计使产品具有观赏性和装饰性，提升空间美感。例如，中国风格的陶瓷花瓶融合了传统图案纹样和现代简约设计，体现了中国传统文化与当代审美的有机结合。通过精美的釉面装饰和留白的处理手法，营造出富于诗意的视觉效果，无论是摆放在餐桌中央还是书柜边，都能为空间增添东方韵味，如图 1-13 所示。

图 1-13 定制手账设计（设计者：马黎）

图 1-14 中国风格的陶瓷花瓶（拍摄者：马黎）

（三）礼品性文创产品

礼品性文创产品设计，应考虑如何通过设计使产品具有纪念性和个性化，满足不同场合的礼品需求。在设计中融入具有特殊纪念意义的元素，如重要历史事件、著名人物等。针对节日、纪念日、商务往来等不同场合，设计差异化的礼品产品。建立具有识别度的品牌视觉系统，包括 logo、VI 等，将产品定位为传播文化的载体，增强产品的文化价值。

如图 1-15 所示作品将中国传统文化元素与现代设计语言相结合，特别针对礼品性文创产品进行了原创设计。在色彩选择上，运用了代表中国传统文化的中国红和青色，这两种色彩分别象征热情、吉祥与庄重、安定。纹样设计中，运用了龙纹、云纹、梅花纹、竹叶纹等传统元素，与现代简约的线条设计相融合，并引入现代几何元素，呈现出古老文化在当代文创产品中的全新演绎。设计不仅保留了中国传统文化的独特韵味，还展现了其在现代文创产品中的应用与创新。

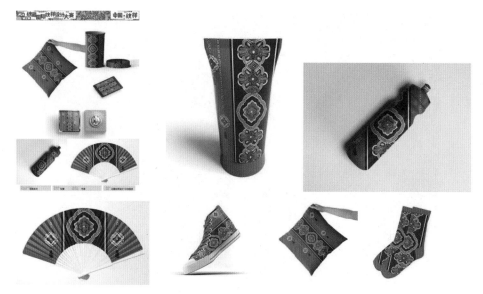

图 1-15　中国风格原创礼品性文创设计作品（设计者：马黎）

（四）体验式文创产品

体验式文创产品设计，如主题公园、展览、音乐会等，应考虑如何通过设计使产品具有互动性和体验性，提升消费者的体验感和满意度。

1. 用户研究与同理心

在设计之初，设计师应进行深入的用户研究，了解目标用户群体的需求、兴趣和文化背景。运用同理心，站在用户的角度思考，确保设计能够引起用户的共鸣和情感反应。在产品设计中融入能引发用户情感共鸣的元素，如熟悉的视觉符号、富有情怀的故事等。营造能唤起用户特定情感的体验场景，使用户身临其境地感受文化魅力。例如，博物馆开发的文创产品"汉服服饰套装"，如图 1-16 所示，不仅还原了汉服的传统工艺，更将汉服的穿戴体验融入其中。用户在穿戴时能感受到汉服的优雅韵味，并产生对传统文化的认同和向往。这种设计能引发用户的强烈情感共鸣。

图 1-16　汉服服饰展示（拍摄者：马黎）

2. 互动性设计

利用互动技术（如触摸屏、增强现实 AR、虚拟现实 VR 等）设计互动环节，让用户通过参与和操作体验文化内容。

设计互动游戏、挑战任务或故事叙述，让用户在完成任务的过程中学习和体验文化元素。通过解谜、探索、角色扮演等互动玩法，用户能以轻松愉悦的心态学习，记忆更加深入，培养创新思维能力。在完成互动任务的过程中，用户需要发挥创造力和解决问题的能力。这种动手实践和思维训练能培养用户的创新意识和创造力，激发用户对文化的更深层次理解。

3. 情境模拟

创造真实的或虚拟的情境，让用户仿佛置身于文化发生的环境中，如历史场景重现、文化节庆模拟等。通过情境模拟，增强用户对文化背景和传统元素的感知，提供沉浸式的文化体验。这种沉浸式体验能让用户更好地理解文化的内在意义和价值。

例如，"大明宫遗址公园"，通过全方位的复原和再现让游客身临其境地体验唐代宫苑的典雅风貌。园区内设有皇家宫殿、庭院、花园等，再现了唐代皇家生活的细节。同时园区还举办各类文化活动，让游客沉浸在其文化氛围中。这种沉浸式的体验大大增强了游客的文化认同感和历史感，如图 1-17 所示。

图 1-17 "大明宫遗址公园"数字化情境（拍摄者：马黎）

4. 感官体验

结合视觉、听觉、触觉等多种感官元素，设计产品的外观、声音和材质，以增强用户的感官体验。例如，使用传统工艺的材质和图案，结合现代设计，让用户在触摸和视觉上感受到文化的魅力，具体建议如下。

（1）选择富有传统特色的材质。选用天然材料如竹、木、陶瓷等，保留材料本身的纹理和质感；采用传统手工染织、编织、雕刻等工艺，体现材料的质感和工艺美。

（2）运用传统图案元素。提取历史文化中具有代表性的图案、纹样，如吉祥图腾、民间花卉等；以现代设计手法重新演绎和组合这些传统图案，赋予新的视觉张力。

（3）融合现代设计理念。借鉴当下流行的设计趋势，如简约风格、极简主义等。例如，新疆克孜勒苏柯尔克孜族传统陶瓷（图 1-18），沿袭古老的陶瓷工艺，采用现代简约的造型设计，将传统材质和图案元素融入现代设计语言中，色彩以素雅的自然色系为主，如白、灰、黑等，形态精简，突出陶瓷本身的质感和纹理美感，体现出东方审美的禅意与内敛，达到古老与新颖的完美融合。

图 1-18　新疆克孜勒苏柯尔克孜族传统陶瓷（拍摄者：马黎）

（4）注重用户体验感受。在产品设计中体现手工制作的独特质感，让用户通过触摸感受材质的魅力；运用巧妙的灯光设计、渐变色彩等手法，突出传统元素的视觉张力。

（5）传达文化内涵故事。在产品包装或宣传中，生动地讲述这些传统元素背后的文化内涵和历史故事，引导大家主动探索产品的文化价值，增强对产品的认同和喜爱。

通过材质、图案、设计手法的综合运用，让用户在视觉和触觉上感受产品独特的文化魅力，是一个非常值得尝试的设计思路。

5. 故事叙述

将文化元素融入故事中，通过故事引导用户了解和体验文化。故事可以是历史的、现代的或是虚构的，关键是能够吸引用户并传达文化价值。

6. 反馈与迭代

设计原型后，进行用户测试，收集反馈，并根据反馈进行设计的迭代和优化。通过不断试错和改进，确保最终产品能够满足用户的期望并提供良好的体验。

7. 文化教育融合

利用大型 LED 屏幕营造身临其境的古代场景再现，如图 1-19 所示。配合声光效果，让参观者仿佛穿越时空，置身于历史场景中，增强参观者对文化内涵的感知和理解。在展厅中设置触摸式 LED 互动屏幕，通过游戏、问答等形式，讲解文物背后的文化故事，引导参观者主动探索和学习，培养文化认知。运用 LED 全息投影技术，展示文物的立体影像，动态呈现文物的细节特征，以及制作工艺等，让参观者更直观地欣赏和了解文物的魅力所在。提供基于 LED 屏幕的自主导览系统，根据参观者的兴趣爱好，推荐个性化的参观路线，实时调整导览内容的重点，提升参观体验。在设计中融入教育元素，如提供背景知识介绍、文化解读等，帮助用户在体验中学习。例如，通过产品附带的 App 或在线资源，提供互动教程和文化解读，增加产品的教育价值。

图 1-19 体验式文创产品设计（拍摄者：马黎）

8. 可持续性考虑

在设计过程中考虑产品的可持续性，使用环保材料和工艺，传达文化与自然和谐共存的理念。通过可持续设计，提升产品的长期价值和用户的环保意识。

通过上述体验式文创产品设计方法与技巧的应用，设计师可以创造出美观、实用，且能够提供丰富文化体验的产品。这种设计方法有助于加深用户对文化传统的理解和欣赏，同时为文化传承和创新提供新的途径。

 **小贴士**

如何在文创产品设计中体现文化内涵和创意元素

在文创产品设计中，体现文化内涵和创意元素是十分重要的。以下是一些建议。

深入挖掘文化内涵。在进行文创产品设计之前，要对目标文化的历史、传统、习俗等进行深入挖掘，从中提取具有代表性的元素。

融入创意元素。在融入文化内涵的基础上，要加入创意元素，使文创产品更具吸引力和新鲜感。创意元素可以是新颖的造型、独特的图案、巧妙的结构等。

注重实用性。文创产品不仅要具有文化内涵和创意元素，还要具有实用性。文创产品能够满足人们的日常生活需求，才能真正受到市场的欢迎。

提升艺术性。文创产品的设计要具有艺术性，能够给人以美的享受。艺术性可以体现在产品的造型、色彩、图案等方面。

 讨论题

1. 在文创产品设计中，如何平衡实用性和艺术性？
2. 说一说有哪些文创产品设计的案例可以参考？

DESIGN

第二章
传统文化元素的开发设计

学习导语

本章将探讨如何在设计中建立文化自信，以及如何将传统文化转化为推动设计未来发展的力量。如何在全球化的背景下，保持文化的独特性和多样性，并通过设计作品讲述中国故事，传播中国声音。让我们一起为传统文化的传承与创新贡献自己的力量，成为连接过去与未来的设计使者。

学习目标

1. 能够识别并理解传统文化元素的多样性和复杂性。

2. 能够分析传统文化元素在现代设计中的应用案例。

3. 能够运用创意思维技巧，将传统文化元素与现代设计理念相结合，开发出新颖的设计概念。

第一节　文创产品开发的驱动力

什么是文创产品开发的驱动力？首先，文创产品开发的驱动力是将文化底蕴与创意设计完美融合，满足人们对富有文化内涵和创新设计的产品的需求，且能够通过各种正确的方式或者渠道形式在市场上流通。其次，文创产品应在符合现代审美要求的同时，融入科学技术或创新手段，将创意转化为产品，使得产品能够满足消费者的审美需求，得到感官上的满足。最后，文创产品本质上是对文化内容的创造性再开发，应具有独特的文化属性，能够体现某种非具象的文化特征，给予人们精神上的归属感和身份认同，这也是文创产品区别于传统产品的重要特征。以上的价值意义、现代审美要求以及独特文化属性就形成了文创产品开发的核心驱动力（图2-1）。

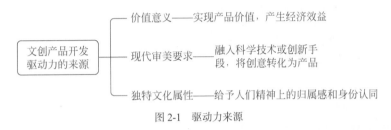

图 2-1　驱动力来源

一、区域性文化驱动力

（一）区域性文化概念

在解释区域性文化驱动力之前，我们先理解区域性文化的概念。所谓区域性文化（area cultural），从广义上理解是按照地域界定而出现的文化类型（cultural type），是某一地区囿于地理环境和民族发展所呈现出的文化形貌（cultural configuration）。区域性文化又称地域文化，只有在某一地域的文化在特征和表现形式上展现出一致性，在此地域上形成了统一的文化体系和结构时，真正的区域性文化才算形成。

（二）区域性文化驱动力的核心

驱动力分为内驱动力和外驱动力，所谓内驱动力，是指在有机体需要的基础上产生的一种内部推动力，是一种来自内部的刺激。简而言之，就是内在动机，通过自觉性推动工作开展，取得成效。所谓外驱动力，是指超过事物本身可掌控的外部力量，比如工作环境、政策导向等由决策层掌握控制的外部因素。区域性文化驱动力的核心就是在于内外驱动力的紧密联系，两者共同推动区域性文化（图2-2）。

图 2-2　驱动力

二、经典文化符号驱动力

符号是人类创造的产物，它的发展伴随着人类文明历史的发展而改进，是人类文明传播的重要表现形式，且是一种外在的表达形式，也是一种对事物简化认识的方法。符号学是一种研究符号与自身和受众行为之间的关系，是研究通过符号实现通信功能和语义功能、研究符号理论的一门独立学科。

中国对符号学的探索具有悠久的历史，可以追溯至殷商时期。《周易》是中国古代对符号学进行系统化研究的重要文献之一。实际上，甲骨文的出现早于《周易》，并且在甲骨文的基础上，《周易》进一步发展形成了由各种图形（能指）和它们所代表的含义（所指）构成的汉字系统。

兮甲盘　　　鶈鎛

图 2-3　《说文解字》中的符号

到了东汉时期，中国符号学研究又迈出了重要一步，出现了《说文解字》，它被认为是世界上最早且非常完整的词典之一。《说文解字》不仅丰富了中国的语言学研究，而且为符号学的理论发展和实践应用奠定了坚实的基础（图 2-3）。

西方符号学作为一门独立的学科，其起源可以追溯到 20 世纪 60 年代以后的法国和意大利，后来逐渐扩展至整个欧洲。胡塞尔的现象学、索绪尔的结构主义以及皮尔斯的实用主义构成了符号学的理论基础。随着时间的推移，符号学理论逐渐成熟并发展出多个分支，其中一些理论至今仍然广为流传。

索绪尔和皮尔斯是符号学领域的代表性人物，他们的理论对后来的学者产生了深远的影响。例如，皮尔斯的逻辑符号学和苏珊·朗格的艺术符号学，这些理论不仅在社会和人文学科中占有重要地位，而且成为科学研究的理论工具。

通过这些理论的发展和应用，符号学已经成为社会和人文学科科学研究中不可或缺的方法论，并且其影响力正在扩展到更广泛的科学领域。

在现代社会语境下，符号学作为一种设计语言已经被广泛应用到各个行业，特别是在文化产业方面起到重要作用。伴随着文化创意产业的繁荣，文化创意逐渐成为未来提升设计价值的关键所在。而经典文化符号驱动力就是将文化融入产品设计。其实就是用经典文化 IP 制造买点，例如在我国的龙年，各种龙形图案大量产生并被人消费。

三、非物质文化遗产驱动力

非物质文化遗产作为一个国家和民族的文化精髓，是人类文明的见证，是提高国家软实力的关键，在推动地区经济发展、满足人民精神需要、推动文化产业化发展等方面发挥了巨大的作用。非物质文化遗产在展现我国优秀传统文化的重要性方面有着举足轻重的地位。让大众更直观地了解当前非物质文化遗产的传播现状，在增进非遗知识的同时增强其文化认同，这对讲好中国非物质文化遗产故事是十分有益的。非物质文化遗产驱动力就是将非物质文化的文创产品融入现代产品设计的发展趋势。例如，凉山州彝族制品的文创产品，在保留彝绣本身颜色的同时，融入时尚颜色，从而获得大众的认可（图 2-4）。

图 2-4　凉山州彝族刺绣服装（拍摄者：孙浩澜）

第二节 传统文化再设计的方式

传统文化再设计是指在中国传统文化元素（如中国书法、篆刻印章、中国结、京戏脸谱、皮影、武术等）的基础上，融入现代的时尚设计理念和风格，且开发新的产品或者艺术文创作品的过程。其目的是用这种独特加工的创作方式传承和保护传统文化，将其更好、更直接地融入现代生活中。

一、图形、文字、色彩的再设计

（一）图形的再设计运用

在中国传统文化中提取元素符号，对融合再设计的时尚元素进行再次设计创作，将其转化为具有现代感的符号形式，使作品具有视觉的独特冲击力。例如，将成都金沙遗址的太阳神鸟面具和奇特的图案这些具有代表性的符号元素提取出来，加入文艺气息时尚元素，进行再次加工创作后，落成金沙遗址地标建筑，成为城市的名片（图 2-5）。

（二）文字的再设计运用

文字自古到今是人类文化和视觉传递的重要组成部分，文字的再设计运用能再次增强视觉的冲击效果。例如，三星堆冰箱贴就是把文字和图案巧妙地结合起来，整个文创冰箱贴变得更加灵动有趣，在保存历史底蕴的同时，彰显时尚气息（图 2-6）。

图 2-5 金沙遗址地标建筑（拍摄者：孙浩澜）

图 2-6 三星堆文创冰箱贴（拍摄者：孙浩澜）

（三）色彩的再设计运用

　　色彩是文创设计中非常重要的部分，具有层次感且颜色分明的色彩应用能让整个艺术文创产品具有活力和生命力。而不同的颜色在不同的传统民族文化中有不同的寓意和象征。例如，西藏林芝地区的文创产品颜色在传统藏族颜色的基础上加入时尚颜色，使得文创产品熠熠生辉、鲜明夺目（图2-7）。

图 2-7　藏族文创产品（拍摄者：孙浩澜）

　　传统文化再设计运用方式包括图形再设计运用、文字再设计运用和色彩再设计运用，三者相结合更好地带动了文创产品的设计效果，通过图形、文字以及色彩的再设计，使得文创产品在大众面前更具市场竞争力（图2-8）。

图 2-8　传统文化再设计运用方式

二、传统与现代的嫁接

　　传统文化是整个人类文明千百年来的历史文化积淀，是人类智慧所达到的历史高度的体现，对传统文化的重视已经成为现代人极其关注的重大文化命题。传统文化在现代文化的冲击下，同样面临考验，所以传统文化若想在现代社会得到传承和发扬，并非一件轻而易举的事情，甚至是世界级的一个重大问题。因为传统文化传承速度慢且比较保守，没有一套完整的生产方式和传承路线，导致很多传承记忆消失在大众的视野（图2-9）。如果按照传统文化的方式继续走下去，只会困难重重。

　　现代艺术是20世纪产生的一种新的艺术形态的表现形式，它的出现代表着人类文化出现了新的发展里程碑，具有许多独特点。

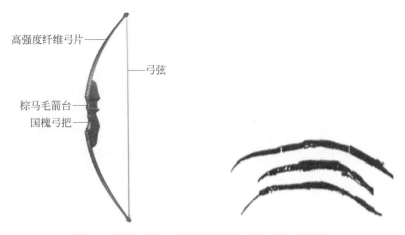

图 2-9 即将失传的古代弓箭制作技术（拍摄者：孙浩澜）

（一）表现形式更加多元化，媒介多样化

可以这样理解，现代艺术含有更多的包容性，没有传统文化的局限性和束缚感，运用的技巧更加丰富，呈现的形态能紧跟时尚的脚步。现代艺术媒介非常丰富，包括油画、水彩、版画、雕塑、装置、影像、行为艺术和 AI 技术等，能反映出不同时代的艺术形式，甚至通过 AI 技术，可以实现时空对话的状态，这些都深受大众的喜欢，且运用在各领域。

（二）注重思想性和观念性

现代艺术具有强烈的思想性和观念性，大胆地体现了现代大众的审美需求，跳出了传统艺术的审美局限性。现代的艺术虽然具有很多优势，但冲击了传统艺术的生存性，也容易让大众失去对中国传统艺术的审美，但我们不能失去传统文化，因为传统文化是文明发展史中至关重要的一个环节，是见证中国艺术历史的明灯，所以将现代文化与传统文化更好地嫁接在一起是非常重要的核心（图 2-10）。

目前，我国传统文化正在经历一个极好的复苏期。现代技术在一定程度上有效地复苏了传统文化，例如，几十年前的昆曲，台下坐的观众比舞台上的演员数量还少，现在年轻的"昆迷们"越来越多；民族服饰的传统美也被带入巴黎国际时尚周，民族服饰变成了时尚界的新宠儿。结合现代文化形成产业化就是传统文化传承的一条非常重要的路径。只有把中国传统艺术观念、方法转换成艺术家自己的创作语言，才可能真正实现精英与民间的互动，也就是传统文化与现代文化的嫁接。

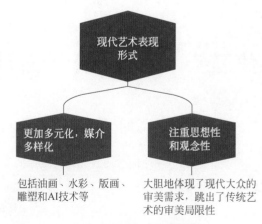

图 2-10 现代艺术的表现形式

（1）融合嫁接。融合嫁接是一种文化传承与创新的有机统一，它将现代文化思潮嫁接于传统文化的"根干"上，使两者在交融碰撞中互相渗透、相互滋养、相得益彰，最终孕育出一种全新的、具有传统根基而又蓬勃向上的文化思想形态。

（2）创意嫁接。创意嫁接是将崭新创新的想法和元素，有机地嫁接融合到已有的事物、理念或体系上，使之焕发全新的生机与活力，并在创新思维与传统智慧的交融中，孕育出独具特色、富有创意的全新形态，开辟事物发展的新的可能性和广阔前景。

三、提炼文化内核的设计

文化内核（cultural core）是指一种特定社会的基本价值观、社会观、民族信仰、人文习俗、生活实践和文化传承下来的具有特殊意义的符号等核心要素，是该文化的基本精神实质和根本特征属性，是一种基本模式和范式。它贯穿于文创设计的各个方面，具有较高的内聚力、凝聚力和稳定性（图2-11）。

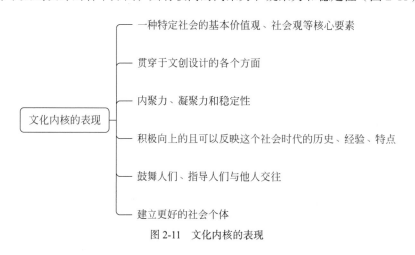

图 2-11　文化内核的表现

文化内核是积极向上的且可以反映这个社会时代的历史、经验、特点，同时鼓舞人们、指导人们如何生活和与他人交往，建立更好的社会个体。

不同的国家和民族的文化内核有所不同，但它们都是该文化的精髓所在，是文化不可替代的基本元素。在了解了文化内核以后，接下来的提取内核也是至关重要的一个环节，只有正确提取到内核才能设计出赋予灵魂且"传统＋现代"结合的文创产品。

第三节　文化调研与设计定位

一、文化调研

文化调研是一种针对特定文化领域内的主要特征、发展趋势、社会效应、成因以及其他相关领域的研究活动。这种研究可以帮助人们更全面、深入地理解文化领域的动态和趋势，以便更好地适应文化发展和时代需求。文化调研涉及从多个角度和多层次探讨各种文化现象，它不仅能够揭示文化与社会的内在联系，而且能使文化的价值得到弘扬和传承。此外，文化调研也有助于探索和发现文化与社会之间的联系，为人们的日常生活和工作提供有益的信息和指导。文化调研通常涉及对本地区或国家的文化状况进行详细的调查和分析，这可能包括社会、经济和教育等多个相关领域的数据和信息搜集、研究和分析。这项活动有助于了解人们的生活方式和文化习惯，从而帮助个体和社会更好地适应社会变化，形成和实施有效的文化政策和规划，以推动社会和谐发展。文化调研可以通过多种途径进行，如文献资料搜集与分析、专家访谈和问卷调查等。

通过对文化的特点、影响因素以及在全球化背景下的变化趋势等进行研究，可以为促进不同文化之间的理解和交流提供有价值的参考和借鉴。文化的特点包括多样性、传承性、变化性和相互影响性，这些特性都体现了文化的重要作用和影响力。文化调研报告的主要内容如下。

（1）研究目的和意义：研究报告需要明确研究的目的和意义，阐述清楚调研对于文创产品设计的意义以及选择这个内容调研的目的。

（2）调研方法：采取专业科学的调研方式，包括问卷调查、专家访谈和文献资料搜集与分析等。

（3）调查结果：需要详细陈述调查的主要结果、涉及的文化中存在的主要现象、问题以及影响等；需要提供足够的数据和分析支持调查结果的可靠性、科学性。

（4）结论与建议：基于文化调研的结果，需要提出具体的结论和建议；需要具备一定的前瞻性、科学性和针对性，对于目标领域的发展、改进和优化提供切实有效的建议和意见。不可盲目夸大泛泛而谈，缺乏实际意义。

文化调研的途径如图 2-12 所示。

图 2-12 文化调研的途径

二、传统文化元素提取与产品定位

世界文明离不开中国文化，蕴含着中国文化精神的中国元素是中国品牌走向世界、奠定文化自信的基础，承担起融入世界、影响世界的重大使命。中国元素分为三个部分：第一是中国固有元素；第二是中国传统文化；第三是中国现代文化。中国传统文化元素的提取（图 2-13）来自思想教育文化、音乐戏曲文化、中国的书画、陶瓷文化和节日文化等。

图 2-13 三星堆纹样的提取（拍摄者：孙浩澜）

在中国传统文化元素中，传统手工工艺是中国文化的重要组成部分，代表着久远的历史和非物质文化遗产。然而，随着现代化的进程，传统手工艺面临着市场竞争的挑战。因此，为了更好地保护和传承，传统手工工艺设计显得尤为重要，设计决定了传统文化手工技术的社会价值。传统手工工艺文化元素的提炼＋技术再加工＝呈现传统文化的市场价值，也就是说我们要明确产品设计的市场定位。产品设计的市场定位可以分为以下几个方面。

（1）文化传承定位：文创产品设计承载了丰富的历史文化内涵，可以定位为文化传承的代表。通过系统地推广和传播传统工艺设计，可以使大众更好地了解传统文化，从而实现文化的传承和发展。

（2）艺术价值定位：文创产品设计的艺术价值定位能提高其价值和市场的认可度，同时，注重艺术品的创新和设计，以适应现代人的审美需求。

（3）功能性定位：文创产品设计不能只是定义为传统设计，要赋予它一定的实用性，如文具、家具等。

 **小贴士**

如何解决消费者对传统元素理解不足的问题

我们从故事化营销的角度进行综合论述，探讨如何通过这一策略解决消费者对传统元素理解不足的问题。故事化营销是一种强大的工具，它通过讲述引人入胜的故事吸引和教育消费者，从而增强他们对产品和其中蕴含的传统元素的理解。在文创产品领域，故事化营销可以帮助消费者建立起与产品的情感联系，同时提供一个框架，使得复杂的文化元素变得更加易于理解和记忆。

首先，故事化营销能够为传统元素赋予新的生命。通过将传统文化和历史背景融入产品的故事中，消费者不仅能够了解到元素的起源和发展，还能够感受到它们在现代社会中的相关性和意义。例如，一款以中国古代神话为灵感的文创产品，可以通过讲述神话故事展示其设计元素的文化价值和象征意义。

其次，故事化营销能够提高消费者的参与度和兴趣。人们对故事的天然好奇心可以驱使他们更深入地探索产品和文化。通过互动式的故事讲述，如在线连载、社交媒体活动或参与式故事创作，消费者可以成为文化传播的一部分，从而增强他们对传统元素的认识和兴趣。

再次，故事化营销还能够促进文化多样性的理解和尊重。在全球化的背景下，通过故事讲述不同文化背景下的传统元素，可以帮助消费者建立起跨文化的理解和尊重。这对于推广和保护世界各地的文化遗产具有重要意义。

最后，故事化营销可以作为一种教育工具，帮助年轻一代更好地理解和欣赏他们的文化遗产。通过儿童文学、动画和教育游戏等形式，故事化营销可以将传统元素以有趣和互动的方式呈现给年轻人，激发他们对传统文化的兴趣和好奇心。

综上所述，故事化营销是一种有效的策略，可以解决消费者对传统元素理解不足的问题。通过讲述吸引人的故事，不仅可以增强消费者对文化产品的认识，还能够促进文化的传播和传承。

 讨论题

1. 分组讨论并设计一个或两个非物质文化遗产的文创产品（运用传统＋现代嫁接的方法）。
2. 收集多个自己喜欢的传统工艺图案，并提取其中的纹样（参照图 2-13 三星堆纹样的提取）。
3. 运用调研的方式完成一份文化调研报告。
4. 分组讨论你心中的文创产品定位是什么？

DESIGN

第三章
文创产品设计创新思维方式

学习导语

本章将探讨如何在文创产品设计中运用创新思维方式，打破传统框架，创造出既具有文化底蕴又充满现代感的作品。

本章将带你学习如何运用创新思维解读传统文化元素，并带你探索如何将这些元素与现代设计理念相结合，创造出独特的文创产品。

学习目标

1. 能够掌握创新思维的定义、特点并理解其在设计领域的重要性。

2. 能够通过案例学习，理解这些创新思维方法在实际设计项目中的应用。

3. 能够通过团队合作和头脑风暴等活动，提升集体解决问题的能力。

4. 能够探索不同领域（如艺术、科技、商业等）与设计结合的新模式。

第一节 创新思维的途径

创新思维是指打破常规的思维模式，从而产生新的想法。它是一种创造性的思维方式，能够帮助我们解决问题、发现机会和创造新的事物。

一、物质需求创新

物质需求创新在文创产品领域体现为对消费者物质文化需求的深入理解和满足。文创产品不仅是物质商品，它们还融合了文化价值、创意设计和实用性，为消费者提供了独特的物质体验（图3-1）。

图 3-1 消费者物质文化需求提升（设计者：马黎）

下面对文创产品在物质需求创新中的几个关键点进行介绍。

（一）功能性与文化价值的结合

文创产品的创新往往在于将功能性与文化价值相结合。根据功能主义理论，产品的设计应以实用性为基础，而文创产品则在此基础上增加了文化元素，使产品不仅成为满足基本需求的工具，更成为文化传承和表达的媒介。

（二）审美需求的满足

文创产品的设计理念强调审美需求的满足。根据审美心理学理论，人们对于美的追求是一种基本的心理需求。文创产品通过独特的设计、色彩搭配和材料选择，满足消费者对美的欣赏和追求，提升产品的附加价值。

（三）个性化与定制化趋势

在消费社会中，个性化和定制化成为物质需求创新的重要趋势。文创产品通过提供个性化设计和定制服务，满足消费者对于独特性和个人身份表达的需求。这种趋势反映了消费者对于产品背后故事和文化意义的关注，以及对产品个性化体验的追求。

（四）可持续性与环保意识

可持续发展是当代社会的一个重要议题。文创产品的创新需要考虑环保和可持续性因素。通过使用环保材料、节能设计和可循环利用的生产方式，文创产品不仅满足消费者的物质需求，还体现了对环境保护的社会责任。

（五）技术创新的应用

技术创新为文创产品的物质需求创新提供新的可能性。例如，智能技术、虚拟现实和增强现实等技术的应用，可以使文创产品具备更多的互动性和体验性，从而提升消费者的使用体验和满足感。

（六）品牌故事与情感连接

品牌建设和故事营销在物质需求创新中起到关键作用。文创产品通过讲述品牌故事和文化背景，与消费者建立情感连接，增强了产品的吸引力和忠诚度。这种情感连接超越了单纯的物质需求，满足了消费者对于文化归属和情感体验的需求。

综上所述，文创产品在物质需求的创新中，通过结合功能性与文化价值、满足审美需求、提供个性化与定制化服务、注重可持续性和环保、应用技术创新以及建立品牌故事和情感连接，不仅满足了消费者的基本物质需求，还提供了更深层次的文化体验和情感满足。这种创新策略有助于推动文创产业的发展，同时也为消费者提供了更加丰富和多元的物质文化生活。

二、物质需求创新案例

（一）特斯拉电动汽车

1. 案例分析

特斯拉以创新的电动汽车技术，满足了消费者对环保、节能汽车的需求，通过电池技术、自动驾驶等方面的持续创新，提升了电动汽车的使用体验。特斯拉的品牌定位和营销策略塑造了电动汽车的时尚形象（图 3-2）。

2. 创新要点

顺应社会对环保和新科技的需求导向。持续改善电动汽车的性能参数和使用体验，打造有吸引力的品牌形象和营销模式。

图 3-2　特斯拉产品配图（设计者：马黎）

3. 深入分析

特斯拉洞察到消费者对环保、节能车型的需求日益增长，抓住了这一市场机遇。通过持续的电池技术创新，提升了电动汽车的续航里程和性能表现，极大地改善了用户体验。特斯拉巧妙地将电动汽车打造成时尚、高科技的产品形象，让消费者产生强烈的认同感。

4. 创新启示

紧跟社会节能减排的大趋势，抓住新兴市场需求，通过技术创新不断优化产品性能，提升用户体验。结合品牌营销，打造产品的时尚、高科技形象。

（二）小米智能手机

1. 案例分析

小米针对中低端消费群体的价格敏感特点，提供了性价比优势的手机产品。小米通过自研、定制等方式，不断优化手机硬件配置，提升产品性能。小米创新了电商直销、"粉丝营销"等模式，降低成本的同时提升了用户忠诚度。

2. 创新要点

准确定位目标客户群的需求特点，通过自主研发和定制提升产品性价比，创新营销模式，强化用户黏性。

3. 深入分析

小米通过全面收集数据、深入研究用户需求、分析竞争对手、评估技术可能性、优化服务流程、设计和测试新功能、监控性能指标及管理风险，系统地提升小米智能手机的用户体验和市场竞争力，让产品更贴近用户实际需求，在激烈的智能手机市场中占据优势地位。

4. 创新启示

准确把握目标群体的消费需求特点和痛点，通过自主研发和定制优化产品结构，提升性价比，创新营销模式，充分发挥互联网优势。

（三）纳米银离子抗菌床品

1. 案例分析

纳米银离子床品通过抗菌、净化等功能，满足了消费者对健康睡眠的需求；利用先进的纳米技术，突破了传统床品的功能局限；品牌在产品定位、营销等方面的创新，有助于满足细分用户需求。

2. 创新要点

通过技术创新赋予产品全新功能；紧跟消费者对健康、环保等需求导向；在产品定位、营销方式等方面进行创新迭代。

3. 深入分析

（1）洞察消费者需求。随着人们生活水平的提高，对健康、环保等需求日益增长，消费者开始关注床品的抗菌、净化等功能，希望能获得更舒适、更健康的睡眠体验。

（2）技术创新突破。该产品采用了纳米银离子技术，赋予床品优异的抗菌、净化等功能。这种先进的技术突破了传统床品的功能局限，满足了消费者的新需求。

（3）产品定位创新。该产品将"健康睡眠"作为核心卖点，定位于高端消费群体，巧妙地将科技含量、时尚设计等元素融入产品形象，契合消费者的审美需求。

（4）营销模式创新。该产品采取线上电商为主的销售模式，利用互联网的优势进行精准营销，同时通过科普教育、体验活动等方式，引导消费者认知产品价值，提升购买欲望。

（5）综合竞争优势。该产品通过技术、功能、品牌等多方面的创新，建立了较高的进入壁垒，在满足消费者健康睡眠需求的同时，也为品牌带来了较好的盈利空间。

4. 创新启示

及时洞察并引领新的消费需求趋势，通过前沿技术突破，赋予产品全新功能。在产品定位和营销模式上进行创新，构建多维度的竞争优势，提升品牌价值。

三、消费潮流创新

消费潮流的创新在当代社会经济发展中扮演着重要角色，尤其是在文创产品领域。文创产品是将文化元素与创意设计相结合的产品，它们不仅具有实用价值，还承载着文化传承和创新的功能。下面对文创产品在消费潮流创新中的几个关键点进行介绍。

（一）文化价值的挖掘与传播

文创产品的创新首先源于对文化价值的深入挖掘。通过研究和分析不同文化背景下的历史、传统、艺术和社会习俗，设计师能够提炼出独特的文化符号和元素。这些文化元素的创新性融合和再现，不仅能传播和弘扬传统文化，还能激发消费者的文化认同感和购买欲望。

（二）消费者行为的理解

消费潮流的创新需要对消费者行为有深刻理解。文创产品的设计和推广应基于对目标消费者群体的洞察，包括他们的偏好、需求、消费习惯和生活方式。通过市场调研和消费者反馈，文创产品能够更好地满足消费者的期望，从而引领新的消费潮流。

（三）创意设计与美学表达

美学是文创产品创新的核心。设计师通过对色彩、形状、材质和工艺的创新运用，赋予产品独特的审美价值。美学表达不仅能提升产品的感官体验，还能传递深层次的情感和文化信息，增强产品的吸引力和市场竞争力。

（四）技术与材料的创新应用

技术进步和新材料的开发为文创产品的创新提供了更多可能性。例如，数字技术和3D打印技术的应用可以使复杂的设计变得易于实现，而环保材料的使用则符合可持续发展的消费趋势。技术与材料的创新应用不仅提升了产品的功能性，还满足了消费者对新奇和环保的追求（图3-3）。

图3-3 3D打印文创产品（拍摄者：马黎）

（五）品牌建设与故事营销

品牌建设与故事营销是文创产品创新的重要策略。通过讲述产品背后的故事，如其设计灵感的来源、制作过程中的趣事、与文化相关的传说等，可以增强消费者的情感投入和品牌忠诚度。同时，强有力的品牌形象也有助于产品在激烈的市场竞争中脱颖而出。

（六）跨界合作与多元化发展

跨界合作为文创产品的创新带来了新的视角和灵感。通过与不同领域的品牌、艺术家或设计师合作，文创产品可以融合多种元素，创造出独特的产品线。多元化的发展策略有助于拓宽产品的市场范围，吸引不同背景和兴趣的消费者。

综上所述，文创产品在消费潮流创新中的作用不容忽视。通过对文化价值的挖掘、消费者行为的理解、创意设计的美学表达、技术与材料的创新应用、品牌建设与故事营销，以及跨界合作与多元化发展，文创产品不仅能够满足消费者的需求，还能够推动文化产业的发展和社会文化的繁荣。

四、消费潮流创新案例

（一）抖音、快手短视频平台

1. 案例分析

抖音和快手凭借移动互联网技术，创新了内容生产和传播方式，推动了社交短视频平台的兴起；通过算法推荐、内容创作激励等措施，培养用户的内容创作习惯，引领新的社交消费潮流。

2. 创新要点

把握移动互联网时代的消费者习惯和偏好；运用人工智能算法实现内容精准推荐；建立完善的内容创作激励和变现机制。

3. 深入分析

抖音和快手洞察到移动互联网时代用户内容消费习惯的变化，以短视频形式满足用户的信息获取和社交需求。通过 AI 算法的精准推荐，为用户提供个性化内容，大幅提升了用户的内容浏览和消费体验。平台还建立了完善的创作者激励机制，吸引了大量优质内容创作者参与，形成了良性的内容生态循环。

4. 创新启示

紧跟消费者需求变化，以技术创新推动产品和服务创新；利用大数据和 AI 算法提升用户体验，实现精准的内容推荐；构建完整的内容生态系统，吸引创作者持续投入。

（二）网易严选

1. 案例分析

网易严选依托网易的品牌优势，针对年轻消费群体的消费偏好，自主开发高性价比的优质生活产品；通过强调产品设计感、品质保证等方式，引领了"性价比优选"的新消费潮流。

2. 创新要点

深入了解目标消费群体的需求和痛点；打造自有品牌产品线，提升产品体验；发挥大型互联网公司的运营优势。

3. 深入分析

网易严选瞄准了年轻消费群体对高性价比产品的需求，通过自主研发和供应链管控，提供了性价比优势。同时注重产品设计感和品质，以"好用又好看"的产品体验吸引目标客户群，依托网易强大的流量和运营能力，快速获得了消费者的认可和信赖。

4. 创新启示

深入了解目标群体的消费痛点和需求偏好；通过自主研发和供应链整合，提升产品的性价比；发挥母公司的品牌影响力和运营优势，加快新品牌培育。

（三）周黑鸭休闲零食

1. 案例分析

周黑鸭将传统熟食产品包装成休闲零食，满足年轻消费者的食品偏好；通过创新产品形态、营销方式等，将传统熟食品牌打造成时尚化、年轻化的消费品牌。

2. 创新要点

把握年轻消费群体的消费心理和行为特征；创新产品形态和营销模式，实现品牌年轻化；发挥品牌优势，打造消费者信赖的优质形象。

3. 深入分析

周黑鸭抓住了年轻消费者追求时尚、健康的消费心理，将传统熟食产品进行全新的包装和营销；在产品形态、包装设计、营销方式等方面进行创新，让原本传统的熟食品牌焕发出年轻活力；与年轻人群的文化符号和社交习惯进行深度融合，使品牌形象年轻化。

4. 创新启示

深入洞察目标群体的消费心理和行为特征；通过产品形态、包装设计等多维度创新满足消费者需求；与年轻群体的文化符号和社交习惯进行结合。

第二节　创新思维方法

一、头脑风暴法

头脑风暴法（brain storming）是一种创新思维方法，可以帮助个人或团队在短时间内产生大量创意思路。其基本原理是通过集思广益，让每个参与者都能够积极参与创意思考，并在团队协作的过程中产生新的思路和想法（图3-4）。

图 3-4　头脑风暴法工作场景（拍报者：马黎）

以下是几个关于使用头脑风暴法的具体案例。

（一）宜家家居新产品设计

宜家在开发新款家居产品时，会组织跨部门的设计团队进行头脑风暴。

（1）深入分析：组建跨功能的设计团队，集合设计、工程、市场等专业人才。在头脑风暴过程中，团队成员充分发挥各自的专业优势，提出从形态、功能、材质等多方面的创意点子。团队通过自由讨论、评估分析，最终确定针对消费者需求的创新家居产品方案。

（2）创新启示：组建跨职能团队，激发不同背景人才的创造力；鼓励团队成员自由畅想，充分利用头脑风暴的发散思维特点；结合团队专业优势，对创意点子进行系统评估和优化。

（二）可口可乐新口味开发

可口可乐公司在开发新口味碳酸饮料时，会组织"创新工作坊"进行头脑风暴。

（1）深入分析：可口可乐在开发新口味时，邀请研发、市场、消费洞察等部门人员参与头脑风暴。团队根据目标消费群体的喜好偏好，提出各种新口味的风味构想，涉及配方成分、包装设计等，通过自由讨论，团队最终确定多个富有创意且契合市场需求的新品口味方案。

（2）创新启示：整合跨部门专业人才，从多个维度挖掘创新灵感；结合对消费者需求的深入洞察，提出符合市场导向的创意方案；充分利用头脑风暴法激发团队的创意潜能。

（三）迪士尼新项目创意孵化

迪士尼在孵化新的电影、游乐设施等创意项目时，会组织"创意会议"进行头脑风暴。

（1）深入分析：迪士尼邀请不同领域的专家学者参与新项目创意的头脑风暴会议。这些参会人员拥有丰富的知识背景和创新思维，为项目构想提供广阔的创意视角。通过自由畅谈、互动交流，团队最终形成一系列颇具创意的新项目概念。

（2）创新启示：吸纳跨界专家人才，拓宽创意源泉的广度和深度。鼓励参会者充分发挥个人创新潜力，激发团队的创意爆发，整合不同视角的创意构想，为后续项目开发奠定坚实基础。

二、分组讨论法

分组讨论法是一种创新思维方法，可以帮助个人或团队在短时间内产生大量创意思路。其基本原理是将参与者分成小组，让每个小组分别讨论一个特定的话题，并在小组讨论的过程中产生新的思路和想法（图3-5）。

图 3-5　分组讨论法工作场景（设计者：马黎）

企业在实施分组讨论法进行创新实践时的主要步骤如下。

（1）确定讨论主题和目标。明确本次分组讨论的主题，如新产品开发、流程优化、市场策略等。设定清晰的讨论目标，如形成具体的解决方案、提出创新点子等。

（2）组建跨职能讨论小组。根据讨论主题，选择具有不同专业背景的人员组建若干小组。确保每个小组都拥有所需的专业技能和知识储备。

（3）小组独立讨论。各小组进行独立讨论，就自己负责的模块或问题展开头脑风暴。小组成员充分发挥专业优势，提出创新想法和初步方案。

（4）小组间交流讨论。各小组代表在大组讨论会上进行方案展示和交流。小组间相互启发、质疑，共同完善和优化各自的创新方案。

（5）方案整合优化。根据大组讨论结果，对各小组方案进行进一步整合和优化，形成切实可行且富有创新的最终解决方案。

（6）结果落地实施。确定最终方案后，制订详细的实施计划和进度安排，推动方案在实际应用中得到落地实施。

分组讨论法作为一种创新实践的方法，具有以下几方面的优势。

（1）激发多元创意。分组讨论能够汇集不同专业背景人员的知识和视角，激发更加丰富多样的创意点子。小组内部的自由讨论，以及小组之间的互相启发，有利于产生更具创新性的解决方案。

（2）促进协同创新。分组讨论方法要求跨职能团队成员之间进行充分交流与合作。这有助于打破部门壁垒，实现不同专业领域的有效协同，提高创新效率。

（3）增强方案可行性。在分组讨论过程中，各小组都会结合自身专业优势提出创新方案。在小组间的交流与整合中，可以充分考虑实际实施的各种因素，提升方案的可操作性。

（4）培养创新思维。参与分组讨论的团队成员，需要运用发散思维、批判性思维等创新思维方法。这有助于培养员工的创新意识和创新能力，为企业持续创新奠定基础。

（5）提升决策质量。分组讨论方法能够充分吸收各方意见，形成更加全面、系统的创新方案。这有利于提升决策者做出更加科学、合理的创新决策。

总的来说，分组讨论法是一种非常有效的创新实践方法，能够帮助企业更好地组织跨职能团队，发挥集体智慧，推动创新目标的顺利实现。这种方法在新产品开发、流程优化、战略规划等场景下都有广泛应用价值。

三、逆向思维法

逆向思维法是一种创新思维方法，可以帮助个人或团队在短时间内产生大量创意思路。其基本原理是从与常规思维相反的方向思考问题，从而产生新的思路和想法（图3-6）。

逆向思维法是从与常规思维相反的方向思考问题，从而得出新颖的解决方案。在创业设计过程中，逆向思维法可以帮助设计者从客户需求出发，具体做法如下。

（1）了解客户的需求。这可以通过市场调查、客户访谈、焦点小组等方式实现。

图 3-6　逆向思维法工作场景（设计者：马黎）

（2）从客户需求的反面思考问题。例如，如果客户的需求是价格低廉，那么设计者可以从价格高的这个方面思考，看看是否有可能提供高价值、高品质的产品或服务。

（3）产生新的思路和想法。这可以通过头脑风暴法、逆向思维法、类比思维法等方式实现。

（4）将新的思路和想法付诸实践。这可以通过产品开发、市场营销、销售等方式实现。

逆向思维法是一种非常有效的创新思维方法，它可以帮助创业者从客户需求出发，从而发现新的商机和发展方向，取得更大的成功。

例如，传统出租车行业存在着许多痛点，如打车难、出租车数量有限，特别是高峰期，很难打到车；价格贵，出租车价格昂贵，特别是长途打车；服务差，出租车司机服务态度差，经常拒载、绕路。打车平台通过以下方式解决了这些痛点。

打车方便：用户可以通过手机 App 随时随地叫车，无须等待。

价格便宜：打车平台的价格比传统出租车便宜。

服务好：司机经过严格筛选，服务态度良好，不会拒载、绕路。

打车平台的成功得益于逆向思维法。它从出租车的痛点出发，设计和开发了打车平台，从而取得了巨大的成功（图3-7）。

图 3-7 出租车的场景（设计者：马黎）

四、属性列举法

属性列举法是一种创新思维方法，可以帮助个人或团队在短时间内产生大量创意思路。其基本原理是将产品的属性一一列举出来，然后对每个属性进行思考，从而产生新的思路和想法。

在设计新产品或服务时，设计者可以系统地列举产品各种属性，发掘创新机会。针对具体的问题，列举问题的各种属性特征，发现新的解决思路。

苹果手机在设计之初，采用了属性列举法。苹果手机的设计师将手机的属性一一列举出来，然后对每个属性进行思考，从而产生了新的思路和想法。例如，苹果手机的设计师将手机的屏幕属性列举出来，然后对屏幕的尺寸、分辨率、颜色等属性进行思考，从而产生了新的思路和想法。最终，苹果手机的设计师设计出了具有大屏幕、高分辨率、多种颜色的苹果手机。

属性列举法的工作流程通常包括以下几个步骤。

（1）确定目标对象。首先明确要应用属性列举法的具体目标，如新产品设计、问题解决等。确定好目标对象，有利于后续更好地列举相关属性。

（2）系统列举属性。针对目标对象，尽可能全面系统地列举各种属性特征，如形状、颜色、材质、功能等。可以采用头脑风暴的方式，让团队成员共同参与属性的列举和补充。

（3）分析属性关联。仔细分析各种属性之间的关联性和联系点，找出有趣的组合和应用可能。寻找属性之间的巧妙融合点，激发创新思路。

（4）发展创意构想。根据属性的分析结果，进一步发展创意构想，产生具体的创意点子。鼓励跳跃性思维，将看似无关的属性进行创造性组合。

（5）评估选择方案。对产生的创意构想进行评估，结合目标需求选择最佳创意方案。评估时可考虑创意的可行性、创新性、实用性等因素。

（6）完善和实施方案。对选定的创意方案进行进一步完善和细化，为后续实施做好准备。制订具体的实施计划，并组织落实方案的实际执行。

整个工作流程强调系统性和创造性并重，通过属性列举和分析，不断激发创新思维，最终落实到具体方案中。

五、优缺点列举法

优缺点列举法是一种创新思维方法，可以帮助个人或团队在短时间内产生大量创意思路。其基本原理是将产品的优点和缺点一一列举出来，然后对每个优点和缺点进行思考，从而产生新的思路和想法。

特斯拉汽车在设计之初，采用了优缺点列举法。特斯拉汽车的设计师将特斯拉汽车的优点和缺点一一列举出来，然后对每个优点和缺点进行思考，从而产生了新的思路和想法。例如，特斯拉汽车的设计师将特斯拉汽车的优点列举出来，然后对特斯拉汽车的环保性、性能、续航里程等优点进行思考，从而产生了新的思路和想法，最终，设计出了更加环保、更加高性能、更加长续航里程的特斯拉汽车。

优缺点列举法是一种非常有效的创新思维方法，它可以帮助我们打破常规的思维模式，从而使我们产生新的思路和想法。

优缺点列举法是一种系统分析方案或决策的优势和劣势的方法，包括以下主要步骤。

（1）确定分析对象。明确需要进行优缺点分析的对象，如某个产品方案、管理策略、市场决策等，确保分析对象清晰明确，有利于后续分析的开展。

（2）确定分析维度。根据分析对象的特点，确定需要考虑的关键维度，如技术、成本、市场、管理等，可以根据具体情况增减分析维度，确保覆盖全面。

（3）列举优点。针对每个分析维度，认真梳理并列举出相关方案或决策的优点和优势。要尽可能详细和全面地罗列出各方面的正面因素。

（4）列举缺点。同样针对每个分析维度，仔细列举出相关方案或决策的缺点和劣势。要客观地认识并罗列出各方面的负面因素。

（5）分析权衡。将列举出的优点和缺点进行对比分析，权衡利弊得失。评估各优缺点的相对重要性和影响程度，为最终决策提供依据。

（6）制订改进方案。在仔细分析的基础上，针对缺点提出具体的改进措施和方案。力求在保留优势的基础上，最大程度地弥补劣势。

通过这六个步骤，企业可以系统地分析某个方案或决策的优缺点，并据此进行优化改进，为最终决策提供有力支持。这种方法简单易行，操作灵活，适用于各种分析和决策场景。

六、七何检讨法（5W2H）

七何检讨法是一种创新思维方法，可以帮助个人或团队在短时间内产生大量创意思路。其基本原理是通过对产品或服务的七个方面进行提问，从而产生新的思路和想法。

在文创产品设计中，七何检讨法可以用于探究产品问题的根源，找出最佳产品设计和开发解决方案。例如，在设计一款文创产品时，可以使用七何检讨法探究用户需求、市场趋势、竞争对手、技术限制等因素，从而找出最佳的产品设计和开发策略。同时，这种方法还可以帮助文创产品设计者提高问题解决能力和批判性思维能力。

七何检讨法的具体操作方式主要包括以下七个步骤。

（1）什么（What）。首先要明确问题是"什么"，即问题的具体内容和症状是什么。明确问题的症状、表现形式、影响范围等，为后续分析奠定基础。

（2）何时（When）。确定问题发生的时间点或时间段，包括具体的时间、天气、环境等因素。分析问题发生的时机对问题产生的影响。

（3）何地（Where）。确定问题发生的具体地点，如部门、工位、环境等。分析地点对问题产生的可能影响。

（4）如何（How）。详细分析导致问题发生的过程和方式，包括每一步骤的细节。探究问题发生的原因和机理，为找到解决方案奠定基础。

（5）为何（Why）。分析问题产生的根本原因，找到潜在的深层次原因。可能涉及管理、技术、人员等多个层面的原因。

（6）谁（Who）。确定与问题相关的人员，包括责任方、受影响方等。分析不同人员在问题中的作用和责任。

（7）如何解决（How to Solve）。根据前面的分析，提出具体的解决措施和行动计划。明确执行责任人、时间进度和实施方式等。

在实际操作中，企业可以通过头脑风暴法、分组讨论法等方式，组织相关人员共同完成七何检讨法的各个步骤。这不仅有助于问题的系统分析，也能增强团队的参与感和责任心。

总的来说，七何检讨法为企业解决复杂问题提供了一个有效的方法论，值得在实际工作中广泛应用和推广。

第三节　设计项目实践

一、捕捉灵感

在设计项目实践中，捕捉灵感是非常重要的，它可以为设计师提供创造性的思路和独特的设计方案。以下是一些关于如何捕捉灵感的实践方法和工具。

（1）多样化的观察：观察是灵感的源泉之一。设计师可以通过观察周围的环境、人们的行为和互动、自然景观等获取灵感。多样化的观察可以帮助设计师发现不同领域的创新点和设计元素。

（2）创意笔记本：设计师可以随身携带一个创意笔记本，用来记录突发的灵感和想法。这可以是一个纸质笔记本或者是一个手机应用程序，方便随时记录和整理灵感。

（3）设计灵感网站和社交媒体：有许多专门为设计师提供灵感的网站和社交媒体平台，如Dribbble、Behance、Pinterest、站酷、花瓣网等。设计师可以浏览这些平台上的作品和设计案例，从中获取灵感和创意。

（4）参观展览和艺术活动：参观艺术展览、设计展览和其他相关的艺术活动，可以让设计师接触到各种不同的艺术形式和创意作品，激发灵感。

（5）团队合作和头脑风暴：与团队成员合作和进行头脑风暴是另一种捕捉灵感的方法。通过与他人的讨论和思维碰撞，可以激发新的创意和灵感。

（6）设计灵感工具：有一些专门为设计师提供灵感的工具，如设计灵感卡片、设计灵感应用程序等。这些工具可以帮助设计师整理和组织灵感，提高创造力和设计效率。

二、捕捉灵感项目实践

产品设计专业"灵感探索"课程旨在培养学生发现问题、捕捉灵感的创新思维能力，为后续的产品设计实践奠定基础，如图 3-8 所示。

图 3-8　"灵感探索"教学现场（拍摄者：马黎）

图　3-8（续）

（一）课程设计

1. 启发性观察训练

在课前，要求学生在日常生活中保持敏锐的观察力，记录下各种有趣的细节现象。组织学生进行户外采风活动，深入自然环境中捕捉灵感碎片，如光影效果、材质质感等。鼓励学生运用摄影、素描、语言记录等多种方式记录设计灵感。

2. 分析交流讨论

在课堂上，组织学生分享各自收集的灵感素材，并就其中的视觉特点、情感内涵等进行分析探讨。邀请设计师客座授课，针对如何发现和捕捉创意灵感进行指导。引导学生挖掘这些灵感背后蕴含的设计价值和应用可能。

3. 创意转化实践

布置以"将灵感转化为创意"为主题的设计作业。要求学生结合所收集的灵感素材，设计出具有创新性的产品概念。鼓励学生在创意转化过程中融入个人独特的理解和创意元素。

4. 专家点评指导

组织学生的创意作品展示，邀请设计专家进行现场点评指导。专家从灵感捕捉、创意转化、产品价值等方面给出专业评价和改进建议。学生根据反馈意见对作品进行优化完善，持续提高实践能力。

5. 持续改进机制

建立教师、学生、专家的良性互动交流机制，注重过程性考核评价。定期收集学生对教学方法的反馈意见，不断优化"灵感培养"的教学实践。通过这样系统的教学实践，不仅可以培养学生的灵感捕捉能力，也可以增强学生的创新思维和设计实践能力，为今后的设计实践奠定良好基础。

（二）案例

学生通过调研发现，"狮来运转"茶宠正是"创意嫁接"理念的具体体现。本项目通过头脑风暴汇聚学生多种创意构想，将独特新颖的设计理念和元素有机嫁接融合到传统茶艺文化中，在创新思维与传统智慧的交融碰撞中，最终设计出一套别具一格、富有创意的"狮来运转"茶宠系列，赋予了茶艺新的生命力，开拓了茶宠艺术发展的新视野。该作品不仅获得了相关设计大赛一等奖，也受到了行业内的关注，如图3-9所示。

图3-9　"狮来运转"茶宠（设计者：马黎）

三、集体设计讨论

集体设计讨论是一种协作式学习方法，它鼓励参与者共同探讨、分析和解决问题，以促进创意的产生和设计方案的发展。在文创产品设计的背景下，集体设计讨论可以围绕以下方面展开。

（一）明确讨论目标

在讨论开始前，明确讨论的主题和目标，比如是要确定设计方向、解决特定问题，还是要评估设计方案。确保所有参与者对讨论目标有清晰的认识，以便集中精力进行有效讨论。

（二）开放性头脑风暴

鼓励团队成员自由地提出想法，无论这些想法多么非传统或大胆。使用头脑风暴技巧，如快速绘画、角色扮演或情境模拟，以激发创意和新视角。

（三）文化元素的深入探讨

分享和讨论传统文化元素的历史和文化意义，以及它们在现代设计中的应用。探讨如何将这些元素以创新的方式融入产品设计，同时保持对原有文化的尊重。

（四）设计方案的集体评估

对提出的设计方案进行集体评估，考虑其创新性、实用性、文化相关性和市场潜力。使用评分系统、投票或其他评估工具，帮助团队做出决策。

（五）问题解决与优化

识别设计过程中遇到的问题，如技术挑战、成本控制或用户需求。集体讨论并提出解决方案，利用团队成员的多样化知识和经验进行优化。

（六）跨学科合作

鼓励来自不同学科背景的团队成员贡献自己的专业知识，如市场分析、用户研究或工程技术。探讨如何将这些跨学科知识整合到设计中，以增强产品的竞争力。

（七）反馈与迭代

在设计过程中定期进行集体反馈会议，讨论设计的进展并改进方向。采用迭代设计方法，不断优化产品，直至满足预定的设计目标和标准。

通过集体设计讨论，团队不仅能够产生创新的文创产品设计，还能够培养成员之间的协作精神和沟通能力，为未来的设计项目打下坚实的基础。

四、集体设计讨论项目实践

（一）交互式展览设计

交互式展览设计是创意设计在文化艺术领域中的应用。通过融合科技和艺术元素，创意设计师可以为观众创造身临其境的体验。一个成功的案例是某博物馆的艺术展览，利用虚拟现实技术和互动装置，观众可以与艺术品进行互动，感受到更加丰富的艺术体验，进一步提升展览的吸引力和互动性。交互式展览设计的项目实践方案如图 3-10 所示。

图 3-10　校园文化交互展厅设计方案效果图（设计者：马黎）

项目主题：校园文化交互展厅设计。

项目目标：设计一个富有创意和互动性的校园文化展览空间；通过实践培养学生的创新思维、交互设计和团队协作能力。

项目时间：8 周。

小组分工：4~6 人一组，不同专业背景。

任务要求：校园文化内容调研与分析；交互式展厅设计方案构建；交互体验设计与原型制作；展厅动线规划与空间设计；最终方案的展示与评审。

教学安排：（第 1~2 周）讲解项目背景和要求，组织学生自主分组；指导学生开展校园文化内容调研与分析；启发学生进行头脑风暴，提出创意设计点子。

（第 3~4 周）指导学生构建初步的交互式展厅设计方案；采用 Axure RP、Adobe XD、InVision Studio 软件进行交互原型展示设计；使用 3ds Max、SketchUp、Adobe Photoshop 软件进行展示设计；要求学生进行互动体验设计与原型制作；组织小组间方案讨论，相互点评与优化。

（第 5~6 周）指导学生完成展厅的动线规划与空间设计；要求学生制作展示用的 3D 模型或实体样机；组织中期成果展示，邀请专家提供反馈意见。

（第 7~8 周）指导学生对方案进行最终优化与完善；组织学生进行最终方案的展示与汇报；邀请专家进行点评指导，总结学生的实践收获。

考核方式：小组作品展示（40%）；设计方案文档（30%）；团队合作表现（30%）。

通过这个交互式展览设计项目，学生不仅能运用创新思维解决实际问题，还能培养交互设计、空间规划等专业能力，以及团队协作等综合素质，为未来的设计实践奠定基础。

（二）国风插画文创产品设计

国风插画文创产品设计是一个融合了艺术、文化、创意与商业的综合领域。教学内容需要强调对中华文化的深入理解，包括历史、哲学、艺术、民俗等多个维度，以确保设计作品能够真实反映文化精髓。学生需要掌握插画的基本技能，如线条、色彩、构图等，以及如何运用这些技能表达中国风的美学特征。要激发学生的创意思维，鼓励他们探索如何将传统文化元素与现代设计手法相结合，创造出新颖独特的国风插画。同时，启发学生思考如何从传统文化中提炼元素，如传统纹样、图案、符号等，并将其融入插画设计中。要教授学生使用现代设计软件和技术，如 Adobe Illustrator、Photoshop、Procreate 等，以提高设计效率和质量。通过此设计项目，让学生将所学知识应用于实践，从概念构思到最终成品的全过程体验。

项目主题：非遗"布老虎"主题国风插画文创产品，如图 3-11 所示。

项目目标：让学生了解"布老虎"这一非遗项目的历史渊源、制作工艺及文化内涵；训练学生从"布老虎"的造型、图案、色彩等元素中提炼灵感，演绎出富有现代感的国风插画风格；熟练使用平面设计和数字绘画软件进行国风插画设计和文创产品设计制作；培养学生对文创产品市场的敏锐嗅觉，了解消费者对国潮文化产品的需求取向。

通过开设这样的教学项目，一方面能让学生深入了解和钻研"布老虎"这一非遗文化；另一方面锻炼了学生将传统元素进行现代演绎，并转化为文创产品的综合能力，为将来从事相关设计工作打下坚实基础。

项目时间：6 周。

小组分工：3~5 人一组，不同专业背景。

任务要求：调研同类文创产品的现状，分析自身产品的特色；采风记录"布老虎"造型、纹样、色彩等视觉元素；基于"布老虎"元素，设计一系列国风风格的插画作品，包括角色设定、场景构图、装饰图案等；探索"布老虎"元素与其他国风元素的有机结合，制作项目成果展示。

教学安排：（第 1~2 周）介绍项目背景和要求，组织学生自主分组；引导学生深入分析项目定位和目标群体；鼓励学生进行头脑风暴，提出创意构想。

（第 3~4 周）指导学生探索"布老虎"元素与其他国风元素的有机结合，对创意进行进一步细化和视觉表达；组织小组间的讨论交流，相互点评与优化。

（第 5~6 周）指导学生完成延伸相关视觉设计，如包装设计、品牌 VI 设计等；要求学生制作演示文稿或视频进行最终汇报；邀请设计专家点评学生作品，总结实践收获。

考核方式：最终方案展示（40%）；创意思维与视觉表达（40%）；团队合作表现（20%）。

该项目将理论与实践相结合，全面锻炼学生对非遗文化的理解、国风插画创作、文创产品策划设计、市场营销策略等综合能力。

图 3-11 非遗"布老虎"主题国风插画文创产品（指导教师：马黎 学生：李欣然）

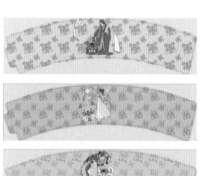

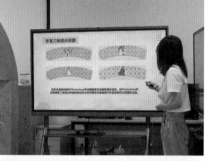

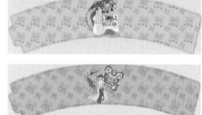

图　3-11（续）

（三）校园共享单车站点的设计

根据校园环境特点，设计一款美观实用的共享单车站点（图 3-12）。通过实践训练学生的创新设计能力和团队协作能力。

图 3-12 共享单车站点概念效果图设计（拍摄者：马黎）

项目时间：6 周。

小组分工：4~6 人一组，小组成员来自不同专业背景。

任务要求：调研校园环境，了解用户需求；头脑风暴提出创意设计方案；方案论证与优化设计；用 AutoCAD、SketchUp、Adobe Photoshop 软件设计制作效果图；最终方案汇报展示。

教学安排：（第 1~2 周）讲解项目背景、目标和任务要求；组织学生自主分组，确定小组分工；引导学生进行校园环境调研和用户需求分析。

（第 3~4 周）指导学生进行头脑风暴，提出创意设计方案；小组内部讨论评估，选择最优方案；指导学生进行方案优化和 3D 建模。

（第 5~6 周）组织学生制作实体样机或演示视频；安排学生进行最终方案汇报展示；邀请专家点评指导，总结学生的设计实践。

考核方式：小组作品展示（40%）；设计方案文档（30%）；小组合作表现（30%）。

通过这样的设计项目实践作业，学生不仅能够运用创新设计能力解决实际问题，还能培养团队合作、沟通表达等综合能力，为未来的设计实践奠定基础。

（四）"四大神兽"国潮文创礼品设计

深入研究中国传统文化中的"四大神兽"象征意义及其艺术造型；将"四大神兽"元素与其他中国传统元素巧妙融合，形成独特的设计语汇；了解文创礼品设计的工艺要求和生产制作流程。

项目时间：4 周。

小组分工：4~6 人一组，不同专业背景。

任务要求：全面梳理"四大神兽"的历史渊源、文化内涵、艺术造型等内容；基于文化调研，提炼视觉元素；创作一系列国潮风格的插画作品；要求不少于 8 幅，探索不同构图、风格等创意表现。完成至少 3 种产品的结构设计和造型设计；呈现渲染效果图，并制作 1 款产品实体样品；制定营销策略、推广方案、销售渠道等；小组成员全员参与汇报，展现团队合作成果。

教学安排：（第 1 周）项目启动与分工；介绍项目背景、目标和任务要求；组建小组，明确分工；国潮设计与"四大神兽"文化概念讲解任务，开展文化调研。

（第 2 周）文化调研报告交流讨论；创意交流会，探讨国潮设计风格；国潮插画创作技法示范与训练，完成国潮插画创作。

（第 3 周）插画创作成果展示与点评；文创产品类型确定和设计构思；产品结构设计和三维建模实操；市场调研与目标消费群体分析；完成文创产品设计方案和效果图渲染。

（第 4 周）产品设计成果检视和实体样品制作；产品系列命名、品牌视觉等整体策划；市场营销策略讨论和推广方案设计；最终项目汇报演练和修改完善，准备项目总结报告和汇报演示材料。

考核方式：小组作品展示（40%）；设计方案文档（30%）；小组合作表现（30%）。

通过此项目将理论知识与动手实践相结合，全面锻炼学生对中国传统文化的理解、创新设计能力、市场营销意识、团队合作能力等，为将来从事相关领域的设计工作奠定坚实基础（图 3-13）。

图 3-13　"四大神兽"国潮文创礼品设计（指导教师：马黎　学生：程喆）

图　3-13（续）

 讨论题

1. 如何组建高效的跨专业设计团队？
2. 如何通过头脑风暴等方法激发创意灵感？
3. 如何在设计方案中融入用户需求和体验？

DESIGN

第四章
文创产品设计方法与运用

学习导语

本章将学习如何通过系统的设计流程，从概念的孕育到产品的成型，对文创产品设计进行每一步精心策划和执行；还将介绍包括用户研究、市场分析、原型开发、故事叙述等在内的多种设计方法，并探讨它们在文创产品设计中的具体运用。

学习目标

1. 理解不同设计方法的理论基础和实际应用。
2. 掌握将用户需求转化为设计解决方案的技巧。
3. 学习如何通过故事叙述增强产品的文化价值和市场吸引力。

第一节　草图绘制

在文创产品设计领域，草图的绘制在实践中扮演着至关重要的角色。首先，草图作为设计师进行设计思考过程的产物，以图形图像的语言准确地呈现出设计师所要表达的内容。这证明草图在设计过程中具备记录和表达设计构思的功能，有助于设计师快速捕捉和整理设计思路。草图的绘制范围不仅局限于造型和形态的推敲，还涉及对文创产品设计中不可或缺的文化特征、图形和色彩等元素的提炼。

此外，草图是与客户进行交流的重要工具，通过草图，设计师能够向客户展示设计思路和方向，并获得客户的认可和反馈。这种交流方式有助于设计师更好地理解客户需求，进而调整设计方案，使其更符合市场和用户的期望。

在实际操作中，草图被广泛应用于对产品造型和形态进行推敲和推演，这是一个不断优化和完善设计的过程。通过绘制草图并对其进行持续优化，设计师能够逐步接近满意的设计方案，这对提升设计作品的质量和创新性具有重要意义。

综上所述，草图在文创产品设计中具有基础作用，主要表现在以下几个方面：记录和表达设计构思、促进设计思路的整理和优化，以及作为与客户沟通的桥梁。因此，在设计过程中，设计师应充分利用草图这一工具，以提高设计效率和作品质量。

一、概念草图

概念草图（concept sketch）是设计过程中的一个初步阶段，它是一种快速的、非正式的视觉表现形式，用于探索和记录设计师对于产品、空间、系统或其他设计对象的初步想法和概念。概念草图通常用于快速捕捉灵感、测试设计想法的可行性、促进设计团队之间的沟通和讨论，以及为后续的详细设计阶段提供基础。

概念草图的特点如下。

（1）简洁性：概念草图通常使用简单的线条、形状和符号表示设计的基本元素和结构，不需要精细的细节。

（2）快速性：草图的目的是以最快的速度将想法呈现出来，因此它们通常在很短的时间内完成。

（3）灵活性：概念草图允许设计师自由地尝试不同的设计方向和解决方案，不受限制地进行修改和迭代。

（4）探索性：草图是设计师探索问题和寻找创新解决方案的工具，它们有助于激发创造力和新的想法。

（5）沟通性：概念草图可以作为一种视觉语言，帮助设计师与团队成员、客户或利益相关者进行有效的沟通和讨论。

概念草图在设计领域的各个分支中都有应用，如工业设计、建筑设计、交互设计、时尚设计等。在产品设计中，概念草图可以帮助设计师快速评估产品的形式、功能和用户体验；在建筑设计中，草图可以用来探索空间布局、结构系统和建筑外观；在交互设计中，草图有助于理解用户界面的布局和交互流程。

总之，概念草图是设计思维的重要体现，它为设计师提供了一个低成本、高效率的方式探索和表达设计概念，是设计过程中不可或缺的一部分，如图4-1所示。

图 4-1 草图绘制（拍摄者：马黎）

二、形态草图

（一）形态草图的定义

形态草图示意在设计和艺术创作中具有重要地位，它是一种用于初步表达物体或设计概念的草图。这些草图可能非常简略，甚至只有简单的线条和形状，但它们承载着设计者对于物体形态、结构、色彩、材质等方面的初期思考和创意。形态草图的主要目的是以直观、简洁的方式展示设计的基本概念和方向，以便在后续的设计过程中进行进一步的细化和完善。

在绘制形态草图时，设计师需要从多个角度进行考虑，包括物体的形状、色彩、材质、空间关系、透视关系、光影效果等。通过掌握这些技巧和方法，设计师能够更好地理解和表现自己的创意，并促进设计师之间的交流和讨论。例如，在产品设计中，形态草图可能会涉及对产品造型和结构的推敲，以及对产品使用方式和用户体验的探索，如图 4-2 所示。

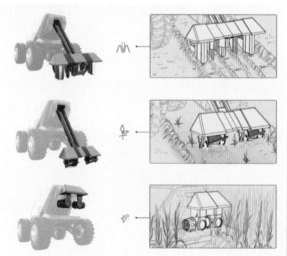

图 4-2 ANTOBOT 智能农业生产机器人

（作者：华南农业大学 郭瀚、杨文武、陈伟翰、李晓燕、李楠欣、朱子豪、陈宇、龚雪、陈子勋、郭佳佳、匡露辰、曾海能，
图片来源：https://www.puxiang.com/galleries/0d2738113a4f951d9f3ce3d724972f96）

　　此外，在形态草图的绘制过程中，简化和捕捉是非常重要的。通过将物体的形状和结构简化为几何图形，设计师能够更快地开始工作，同时保留必要的特征和概念。这种简化和捕捉的技巧不仅适用于二维设计，在三维设计中也得到广泛应用，使得设计师能够从草图出发构造出符合用户期望的完整三维造型。

　　总的来说，形态草图是设计和艺术创作过程中的一个关键阶段。它不仅反映了设计师的思维过程和逻辑思维，还是设计师与他人沟通和交流的重要工具。通过形态草图，设计师能够迅速捕捉和表达设计的基本概念，为后续的设计工作奠定坚实基础。

（二）形态草图的特点

　　形态草图是设计和艺术领域中一项广泛应用的绘画技巧，其目的在于通过速写展现设计思想。形态草图具备以下主要特点：快速捕捉灵感、绘制抽象概念以及表现设计意图。这种绘图方式被设计师和艺术家广泛采用，因为它能够迅速将创意可视化。形态草图的快速性有助于即时传递创意，抽象性则为修改和迭代提供了自由空间，而表现性赋予了草图情感和动态，能够让观者感受到设计的活力。

　　与此同时，形态草图不仅是设计效率的体现，还是逻辑思维与艺术表达的重要交汇点。在设计过程的早期阶段，首先是将灵感转化为形态草图，并附带简洁清晰的文字说明，以明确表达设计的初衷和方向。随着设计的深入，文字内容逐渐细化，图示中准确展现设计的细节和功能需求。在设计接近完成时，更为严密的文字描述用以说明设计的核心特性，确保设计的细微元素得到充分理解和考虑。通过融入具有逻辑性的文字说明，形态草图成为传达复杂设计概念的有力工具，其中每一笔、每一线都承载着特定的意义和目标。

　　形态草图的学习和实践具有重要的教育价值。这种绘图技巧的训练能够锻炼学生的观察力和创造力，鼓励他们将看似简单的现实物件抽象化，并激发无限的想象和创新。此过程不仅促进学生从观察到解读再到创造的认知发展，还帮助学生了解多元的表达手法和艺术语言。在快速变化的社会和竞争激烈的工作环境中，形态草图培养出的能力，如快速反应、有效沟通和创新思考，正是提高个人竞争力和应对未来挑战必备的素养。因此，形态草图在教育中的应用与推广对于学生全面能力的提升至关重要。

　　形态草图的绘制与分析是一种将创意和逻辑相结合的活动，有助于职业设计师和艺术家对他们的想法进行表达和沟通。通过形态草图，我们可以看到一个个简单的构想如何逐渐演化为复杂的设计方案，学会如何将视觉和文字叙述相结合来解释和展现创意。这是一个不断练习和探索的过程，鼓励设计者不断追求新的可能，并将抽象想法转化为切实的创造成果。

三、结构草图

（一）结构草图的定义

　　结构草图作为设计和艺术领域中一种基本的绘图形式，承担着将设计思想初步具象化、可视化的任务。它以简洁的线条和形状为基础，旨在揭示物体或空间的内在结构和基本构造，而非详细描绘其表面特征或装饰细节。本文旨在深入研究结构草图的概念与定义，从学术和教学角度探讨其在设计过程中的重要性、特点以及实践意义。

结构草图是设计初步阶段一种快速绘图技术，通过使用基础的线条和形状探索和定义物体或空间的核心结构。这种草图聚焦于构成设计对象的基本元素及其相互关系，旨在通过尽可能少的细节捕捉设计意图的本质。更广泛地说，结构草图不仅仅是一个工具或技术，它还代表了一种思维方式，即通过简化和抽象的方法来理解和探索复杂的设计问题。

从学术角度来看，结构草图的重要性在于其作为一种基础的设计语言，能够促进设计师对设计对象的深入理解。它提供了一种方法论，帮助设计师在设计过程的早期阶段有效地识别和分析设计问题。通过结构草图，设计师可以快速迭代不同的构想，寻找到最适合的解决方案。此外，结构草图也是理解和传达设计思想的重要工具，使设计师能够清晰地与他人沟通其设计意图和理念。通过结构草图，设计师可以引导他人准确理解并与其共享设计概念，如图4-3所示。

图4-3　结构草图（拍摄者：马黎）

综上所述，结构草图作为一种基础而关键的绘图形式，在设计和艺术领域扮演着重要角色。从学术和教学的视角出发，深入探讨结构草图的概念、重要性以及实践意义，对于加深我们对设计过程的理解和推动设计领域的发展至关重要。

（二）结构草图的特点

在文创产品设计领域中，结构草图具有重要的作用。作为一种有效的表达和沟通工具，结构草图主要体现在其快速传递设计意图的能力上。通过结构草图，设计师能够迅速展示产品特征、结构和组件之间的相互作用，从而促进设计师与结构工程师之间对于产品设计方案的实质性研究和探讨。结构草图以简洁直观的方式，使得设计师们可以更快地交换思想，将复杂的设计概念转化为易于理解的视觉信息，加快设计评审、修改和决策过程。

此外，结构草图还能够从物理性质到视觉效果等方面表达产品的多方面特性。在绘制过程中，设计师可以准确捕捉产品的形态、色彩搭配、材质选择、空间布局、透视准确性和光影效果等关键元素，这些元素是展示产品设计特点和工艺属性的重要方面。这样的详细展示有助于设计团队深入理解产品功能和内部结构，提供必要的信息以便做出更明智的设计决策。同时，通过对结构草图的深度解读，设计师的创造力和创新潜能也会被激发，推动他们超越传统界限，探索全新的设计方向，从而促进文创产品设计创新的不断发展。

在设计过程的后期阶段，结构草图在方案筛选和决策支持中占据核心地位。作为设计草图阶段的总结和汇总，结构草图不仅需要具备高度的准确性，还需要具备一定的清晰度和说服力。这是因为这些草图直接影响决策者和客户对设计方案的接受程度。通过结构草图的精细表述，设计方向和理念能够明确地传达给决策层和潜在用户。因此，结构草图成为提高方案成功率、加强决策质量和效率的重要媒介。

综上所述，结构草图在整个文创产品设计周期中扮演着至关重要的角色。它不仅在初期设计思路的快速传达与共享中展现其价值，还在加强设计原理的辨析、提升创新能力以及最终方案的决策领域发挥关键作用。

第二节 计算机制图

一、文创产品建模效果图

在当下多样化和个性化需求逐渐蓬勃发展的文化创意产业中，具有高品质和创新特色的文创产品设计逐渐成为行业发展的关键推动力。设计师们需要通过有效的表现技巧，将充满创意的思维转化为可视化的效果图，从而进行思想的交流、方案的完善以及作品的展示。对于文创产品建模效果图在整个项目中的重要性，主要体现在以下几个方面。

（1）设计表现和沟通：通过高质量的三维效果图渲染，能够直观、立体地呈现出产品的造型、结构、装饰细节等全貌，比二维平面图能更好地展示设计师的创意和构思。这有助于小组内部的设计评审沟通，也能向项目评审者、潜在客户更生动有效地展示产品。

（2）市场测试反馈：在产品真正投产前，通过渲染效果图能让目标消费群体先睹为快，收集他们的反馈意见。了解消费者的审美偏好和使用体验，为产品设计做进一步优化和改进。

（3）宣传推广预热：优秀的产品渲染图不仅是设计作品本身，也能成为品牌的重要视觉载体，用于宣传推广。在产品正式上市前，可先通过效果图进行预热，吸引消费者关注。

（4）整体视觉呈现：对于整个文创产品系列，通过三维效果图可以呈现出全系列产品在同一视觉语境下的集中展示，增强整体的视觉冲击力和品牌识别度，方便品牌视觉系统设计。

（5）制作工艺参考：对于一些工艺复杂的产品，通过三维建模能清晰展现结构和装饰细节，为实体化生产制作提供精确的参考依据，减少返工。

因此，无论是在设计方案阶段、营销推广阶段，还是产品实体化制作阶段，高质量的三维渲染效果图都能发挥重要的视觉传达和支撑作用，是这个文创产品项目中不可或缺的重要一环。

以包小盒在线编辑模型软件为例，打开包小盒在线编辑模型软件，如图 4-4 所示。

在包小盒的左侧工具栏中，从"盒型 / 模型库"中选择所需的模型样机，如图 4-5 所示。

选择好模型后，单击进入编辑页面，如图 4-6 所示。

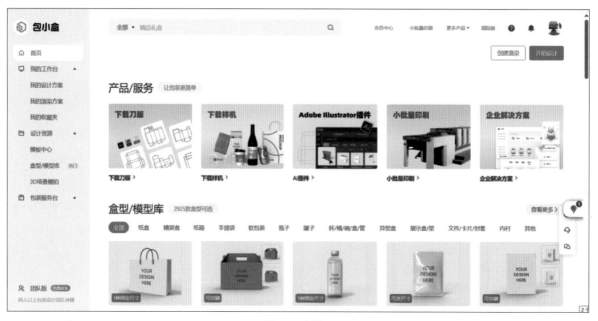

图 4-4　步骤 1

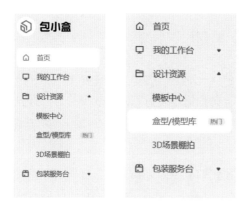

图 4-5　步骤 2

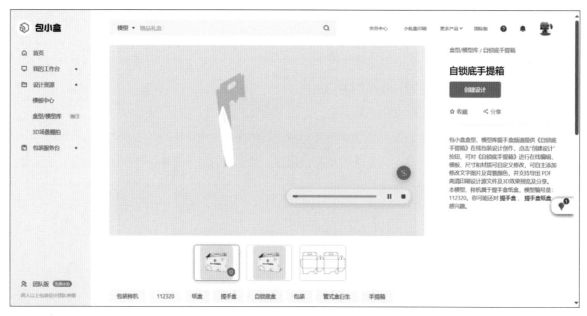

图 4-6　步骤 3

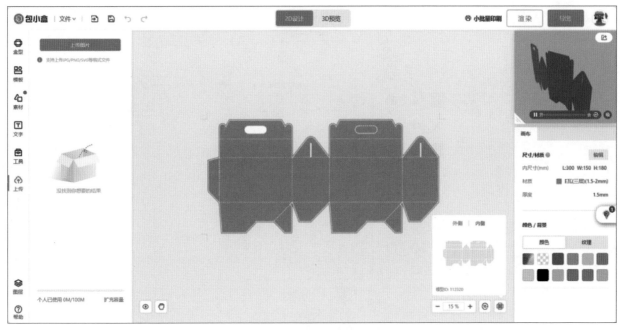

图　4-6（续）

单击页面左上角的"上传图片"按钮进入文件的导入页面。注意，上传的元素素材包需要是 PSD 或 PDF 格式，同时也支持上传 JPG、PNG、SVG 等格式文件，如图 4-7 所示。

 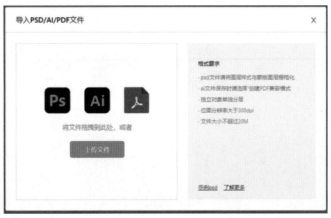

图 4-7　步骤 4

选择相应的文件进行导入操作，如图 4-8 所示。

图 4-8　步骤 5

在编辑工具栏中，可以选择合适的素材、文字以及工具生成条形码或二维码，如图4-9所示。

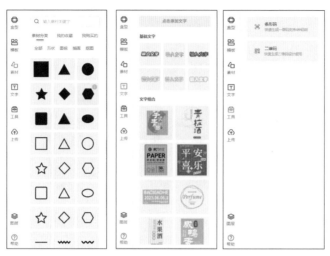

图4-9   步骤6

将相应的元素放置在预定的位置上，如图4-10所示。

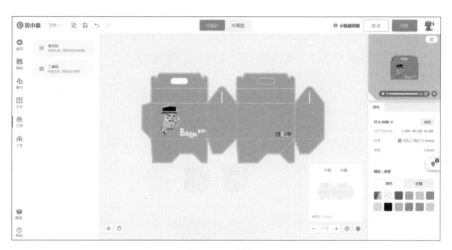

图4-10   步骤7

然后进入在线渲染平台，如图4-11所示。

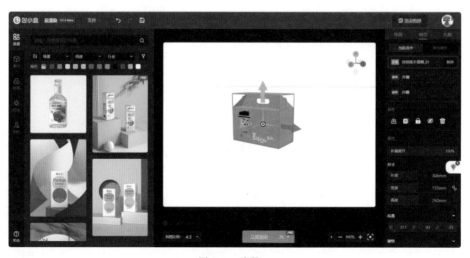

图4-11   步骤8

在渲染平台中，选择合适的背景、图案和光影效果，生成相应的效果图，如图 4-12 所示。

图 4-12　步骤 9

二、文创产品平面效果图

在设计文创产品的平面效果图时，Adobe Photoshop（简称 PS）是一款非常强大的图像处理软件，它能够提供丰富的工具和功能帮助设计师实现创意。

将预先下载完成的样机模型图片导入 Adobe Photoshop 软件中，如图 4-13 所示。

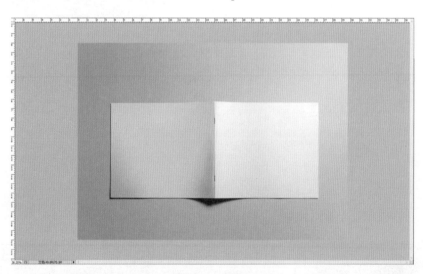

图 4-13　步骤 1

在工具栏的左侧区域，选择"矩形选择工具"创建一个矩形选区如图，如图 4-14 所示。

继续在左侧工具栏中找到"油漆桶工具"，并使用它对刚才创建的矩形区域进行填充，如图 4-15 所示。

图 4-14　步骤 2

图 4-15　步骤 3

按 Ctrl+T 组合键进行初步变形操作，以适配选择的样机区域。调整得到初步符合基本大小的图形后，右击选择"扭曲"，进一步微调，确保图形与样机的边缘线精准重合，如图 4-16 所示。

图 4-16　步骤 4

选中新创建的矩形图层，右击，将其转换为"智能图层"。单击智能图层面板右下角的纸张样图标，进入智能对象编辑界面，如图 4-17 所示。

图 4-17　步骤 5

将所需的设计素材拖进这个智能对象图层中，如图 4-18 所示。

图 4-18　步骤 6

完成智能对象布局和设计后，进行保存。可以按 Ctrl+S 组合键保存工作，如图 4-19 所示。

图 4-19　步骤 7

此时样机模型基本完成，但若发现颜色涂层存在细微偏差，如图 4-20 所示。

需要对图层面板左侧的混合模式进行调整，将其从"正常"更改为"正片叠底"，以获得更贴近模型本身光影效果的输出，如图 4-21 所示。

图 4-20　步骤 8　　　　　　　　　　　　　　　　　图 4-21　步骤 9

在样机上添加必要的设计元素后，一张融合个人设计特色的文创产品样机图像就完成了，如图 4-22 所示。

图 4-22　步骤 10

第三节　文创产品包装设计

一、包装设计的概念

包装设计在文创设计中扮演着重要的角色，是指通过艺术、科技等手段对产品包装进行规划与创意设计的过程。其主要目的是吸引消费者的目光，传递产品的信息，强调品牌形象，从而提升销售业绩。包装设计的定义是根据产品对包装的目的和要求，为其进行包装材料、包装造型、包装结构和视觉信息传达等综合的、完整合理的专门设计，如图 4-23 所示。

图 4-23　探索系列文物望远镜（万花筒）

（图片来源：湖北省博物馆，https://hbsbwg.cjyun.org/whcycp/p/9217.html）

在适用场景方面，文创产品的包装设计不仅是一个简单的物理包裹过程，还涉及传达产品背后的故事和理念，以及提升产品的价值和市场价值。因此，文创产品的包装设计需要具备美感、功能性和内涵三种特征。同时，它还应该能够体现产品的文化创意和创新思维能力。此外，随着消费理念的升级，文创产品的包装设计不仅需要满足消费者的视觉需求，还需要考虑心理包装，即消费者视觉和心理的双重认同。在实际应用中，包装设计可以通过加入中国风元素、新中式风格等方式，展现文创产品的文化内涵和美学价值。

1. 包装设计传递文创的文化美学

文创产品通过包装设计，能够有效地展示其文化内涵和美学价值。在进行包装设计时，必须遵循一些基本原则。首先，包装设计要符合产品的定位，突出其特色，并遵循简洁易懂、美观大方和环保可持续的原则。此外，文创产品的设计应该建立在特定的文化背景之上，总结提炼出具体的视觉文化形象，并通过创意设计将其与产品结合起来。文化故事是文创产品的核心，而这个故事必须和与之对应的文化形象保持一致，并成为其品牌形象展示的重要组成部分，如图 4-24 所示。

随着社会的进步和工业时代的到来，包装设计不再只是实用和保护商品的手段，而成为决定商品属性和价值的关键因素之一。包装设计艺术的发展体现在设计者对商品进行审美美化和便携包装的形式选择上。通过包装设计，商品不仅在使用中便携，同时也具备一定的美观性，从而唤起消费者的购买欲望，实现商品促销的效果。

在新媒体时代，包装设计与现代技术和消费者需求更加紧密地融合在一起。以故宫文创为例，新媒体时代的发展与现代包装设计的应用现状相契合，利用互联网共享信息的大时代，通过符合现代审美观念的符号向消费者展示产品信息。此外，产品设计的故事、文化内涵、包装和形象设计等因素成为决定产品内涵美的核心要素，已经成为品牌企业竞争优

图 4-24　四季之爱胸针
（图片来源：湖北省博物馆，
https://hbsbwg.cjyun.org/whcycp/p/8928.html）

势的重要组成部分。因此，在文创产品设计中，不仅需要注重文化内涵的传达，还要考虑美学价值的设计创新，进一步提升产品的美学价值。通过多个角度的思考，结合产品定位、目标受众和市场需求，以及环保和可持续发展理念，设计出既有文化特色又具备美学魅力的包装设计是有效传达文创产品文化内涵和美学价值的关键。

2. 包装设计中的色彩运用

首先，色彩与商品特质的匹配是吸引消费者注意力的关键要素。当包装的色彩与商品属性相一致时，不仅能够吸纳更多顾客的目光，而且可以使消费者一提到某个品牌就能立刻联想到其独有的标志色彩。这凸显了色彩的选择和搭配在建立品牌形象、传递品牌个性和文化方面的重要性。

其次，造型设计也是增强包装外观吸引力的重要因素。通过精心设计容器的独特造型，可以使产品在视觉上呈现出人意料的吸引力。这种设计不仅能直接激发消费者的视觉感知，还能带来趣味性，提升包装的视觉吸引力和冲击力。

最后，包装设计中的色彩选择还应注重简洁性和高度可辨识性。采用简洁而精准的色彩组合，不仅能够赋予消费者美的享受，同时有助于成本的节约，符合商家和消费者的利益。色彩的明暗度和纯净度之间的差异，即所谓的"视觉冲击"程度，也是影响消费者视觉感知的重要因素，如图 4-25 所示。

包装设计的视觉吸引力是通过色彩和造型设计的精妙结合来实现的。通过精心选择与商品特质契合的颜色，以及富有个性和趣味性的造型设计，可以有效提升包装的视觉吸引力，从而增加品牌识别度并激发消费者购买欲望。

图 4-25　捏捏乐玩偶

（图片来源：湖北省博物馆，https://hbsbwg.cjyun.org/whcycp/p/8947.html）

二、包装材料

包装材料在文创设计中的应用是一个综合性的创意过程，它涉及文化表达、视觉传达、用户体验、环保意识、技术融合以及市场趋势等多个层面。文创设计中的包装材料不仅是产品的保护层，更是传递文化故事和品牌价值的媒介。设计师巧妙选择和运用材料，将传统文化精髓与现代审美相融合，创造出具有独特魅力的包装。这些材料可以是纸张、布料、竹木等传统材质，也可以是可降解塑料、金属等现代环保材质，它们的质地、色彩、肌理赋予了设计丰富的视觉体验。

设计过程中，设计师需注重材料的环保属性，选用可持续或可回收材料，以减少对环境的影响。同时，包装结构设计需贴合用户需求，易于打开、便于携带和重复使用等，为消费者提供便利愉悦的使用体验。优秀的包装设计还应具备情感共鸣力，通过故事性、艺术性或个性化元素与消费者建立情感连接。科技手段如增强现实（AR）等，则可以赋予包装互动趣味性，提升科技感和创新体验。

品牌识别在包装设计中同等重要，独特设计有助于产品在市场中脱颖而出，加深消费者对品牌的印象。设计师需紧跟市场趋势，了解消费者偏好，使设计兼具时代感又能引起共鸣。此外，定制化服务可满足消费群体的个性化追求，为每件文创产品注入独一无二的灵魂。

总之，包装材料在文创设计中的应用是一个需要多方面考量的综合性设计过程。它要求设计师不仅具备深厚的文化修养和艺术素养，还需具备创新思维和市场洞察力，才能创造出既美观实用、环保，又具情感共鸣力的文创产品包装。

（一）包装设计中创新材料的必要性

首先，从材料的物理性能角度来看，耐高温、阻隔性良好、无毒无味的塑料包装材料如 PET、PA、GL-PET 等已被广泛用于蒸煮包装袋中。这些材料不仅能够满足食品包装的基本需求，而且在蒸煮过程中能够保持完整性、稳定性和不产生任何异味，确保产品在运输和储存期间的安全性和可靠性。

其次，环保和可持续包装设计是当下包装设计领域的重要趋势之一。举例来说，采用 100% 可降解的生物基材料，即利用天然植物纤维素作为包装材料不仅展现了对环境的保护，而且通过二次利用的理念，将废弃物转化为具有美学价值和实用性的包装材料。这种创新设计不仅为产品增添了附加价值，同时传递了资源循环再利用的理念，如图 4-26 所示。

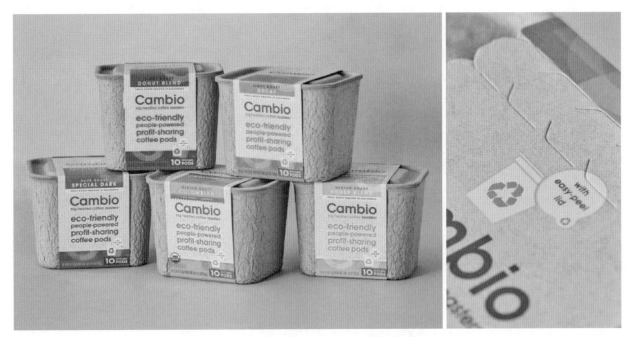

图 4-26　Cambio Coffee（坎比奥咖啡）包装

（图片来源：https://ifdesign.com/en/winner-ranking/project/cambio-coffee/642648）

此外，智能包装材料的创新也成为包装行业发展的关键方向之一。这类材料能够根据环境条件自动调节包装状态，例如温度和湿度控制，在延长产品保质期、减少浪费的同时，提升包装的智能化水平。

（二）包装设计中环保材料与产品文化的融合

在文创设计中，为了有效实现环保材料与产品文化的融合，必须坚守绿色发展、节约优先、适度取用和循环利用等原则。这意味着在设计阶段，需优先考虑产品的环境友好特性，不仅要考虑产品的性能、质量和成本，还必须思考产品更新换代对环境的影响。此外，运用创新设计手段，开发生动有趣的产品，传播生态文化理念具有重要意义。具体而言，在实际操作中，可以通过以下四方面实现环保材料与产品文化的有机结合。

（1）利用自然材料和废弃物进行创新包装设计。如竹编包装，将天然的竹子编织而成的包装盒，不仅环保可再生，而且带有东方禅意美学。有一些茶叶和香薰产品的包装就采用了这种设计。

（2）绿色环保设计理念与文化传承完美融合。包装设计应该传达保护自然资源、传承民族文化的理念，引导消费者形成环保文化意识，实现环保与文化可持续发展。

（3）民族图腾符号融入环保包装设计，如在包装上采用具有重要文化内涵的民族图腾、花纹等视觉元素，将产品文化与环保理念完美融合，体现文化传承。

（4）运用传统手工工艺制作将环保材料与当地传统手工艺相结合，如编织、印染、雕刻等工艺，将文化元素渗透包装设计之中，赋予文化意义和审美品位。

总的来说，环保材料与产品文化的融合需要在材料选择、工艺运用、视觉设计等多层面进行考虑，使包装设计不仅具备环保属性，更能融入文化内涵，传承文化精神。这种融合彰显了可持续发展的设计理念。

三、生产厂商选择

（一）包装生产厂商的选择要点

在文化创意设计领域，包装设计至关重要，直接影响产品外观、质感、品牌形象和消费者购买决策。因此，选择可靠的包装生产厂商至关重要。评判包装生产厂商是否可靠，可从以下关键点出发。

（1）专业性与经验。专业的印刷工厂和生产厂商常常专攻于特定的印刷领域，并且每家都拥有独有的产品线。这表明他们在设计、生产和加工方面积累了丰富经验，能够提供高品质的产品。

（2）服务范围。包装生产厂商应当能够提供全面的服务，包括但不限于设计、印刷、材料选择和包装机械制造等。这类厂商能够为客户提供涵盖全流程的解决方案，确保每个环节都能得到专业支持。

（3）环保和可持续性。当代文化创意产品越来越重视环保和可持续发展。选择那些在环保包装方面具有创新实践的厂商，有助于品牌更好地迎合市场对绿色消费的需求。

（4）国际认可和出口能力。拥有良好的国际声誉和出口实力的包装生产厂商，其产品更容易进入国际市场，扩大品牌影响力。

（5）案例与客户评价。通过查阅厂商的案例和客户选择，能够洞察其实际运营能力与客户满意度。杰出的包装生产厂商通常会有大量成功案例，以及客户的正面反馈。

（二）选择包装生产厂商的综合考虑因素

（1）设计理念与创新能力。优秀的包装生产厂商应该拥有先进的设计理念，能与时俱进地运用创新的设计元素和手法，为品牌注入新鲜血液。需要评估其设计团队的创新思维能力和美学品位。

（2）材料选择与工艺掌控。设计理念的实现有赖于优质材料和精湛工艺的支撑。应了解厂商在环保新材料、手工工艺等方面的掌握程度，能否将设计创意完美呈现。

（3）文化理解与传统融合。对于文创产品，包装生产厂商需具备深厚的文化理解能力，将文化元素自然融入设计之中，并能巧妙运用地域特色的传统工艺，让包装设计饱含文化内涵。

（4）跨界融合与创新设计。优秀的包装生产厂商应该勇于跨界思考，将不同领域的设计元素融合在一起，力求创新奇特，为客户提供与众不同的创意设计方案。

（5）细节把控与质量管理。包装设计讲究细节，对工艺要求极高，因此需要评估厂商对设计细节的把控能力，以及全流程的质量管理体系是否到位。

（6）服务交流与沟通理解。良好的设计源于对客户需求的理解，需要厂商拥有专业的服务团队，与客户保持密切交流和沟通，充分理解并实现设计愿景。

总之，优秀的包装生产厂商应该具备创新设计理念、精湛工艺水准、文化底蕴传承、跨界融合能力、严格质量管理和良好沟通服务等综合实力，才能为品牌提供独具创意且富有文化内涵的包装设计。

第四节　故事叙述技巧

一、设计故事化的视觉元素

美国学者费希尔（Walter Fisher）说过，我们的世界充满了故事，人类所有形式的交往都可以看作是叙事的。

20世纪60年代以来，在西方各界各个学科的融合发展中，也把文学叙事这种修辞手法带入视觉和图像传播中。叙事，在文学修辞手法中是用文字记述故事情节，即故事发生的原因、在哪些场景、有哪些角色、通过什么动作、讲了哪些话语等，按照时间和空间顺序进行排列。

视觉叙事一般应用在漫画、插画等艺术作品中，使作品、场景等更富有故事性。

（一）日常营销中常用的视觉叙事形势分析

静态——留下了更持久的印象，提高可读性，使长形式的内容看起来不那么混乱。需要画面具有叙事性，就应该在画面中安排一些可以辨识的符号，这些符号等于马路上的标识，是一种线索，凡是可以提供线索的事物都可以称为构建画面叙事性的元素。

例如，企业文化墙设计（图4-27），整个展厅通过设计一系列故事情节，用视觉将整个空间流动起来，用讲述品牌事件的方式，逐步唤起观众参与过程中的记忆，达到情感的共鸣。

图4-27　企业文化墙设计（拍摄者：马黎）

图形图表——用有组织的方式传达信息，保持清晰简单的信息陈列，运用最基本的平铺直叙的方式吸引用户的注意力，如图4-28所示。

图片、动画或视频——允许被动接收信息，例如通过视频或动画，如图4-29所示。

图4-28　图形图表展示墙（拍摄者：马黎）　　　　图4-29　动画视频 IP 视觉形象设计（设计者：马黎）

（二）在新的消费环境和文化创新趋势下，视觉叙事给用户带来了新的体验

定向时间整体：视觉叙事大多是按照时间序列进行的。

角色的塑造：确定角色与"事物"之间的关系，构建冲突，对角色的形态、特征尽量刻画得真实，富有层次。

视觉阐释：设计叙述"事物"存在的背景、地点、行为、过程和原因等。

事件冲突：满足用户的诉求和欲望，冲突是由具体的、分离的、确定的时间组成，利用设计好的叙事策略调动用户的情绪和注意力，挖掘用户的感官、情感经验，从而激发内心情感。

二、故事的持续性

对于 Studio Element（Studio 元素）的创意总监布瑞恩·巴吕来说，"用视觉来讲故事"完美地解释了设计是做什么的。瑞恩·巴吕一直在和富兰克林柯维、蓝色主机、微软以及纳瓦霍族这样的公司合作，通过交互式图表和视频等视觉设计为这些大公司讲述他们的品牌故事。

布瑞恩·巴吕说，"用视觉来讲故事是新的趋势，对于很多人来说还是一个新的名词。其实，它背后的理念和基础就是设计中的普遍价值"，同时布瑞恩·巴吕还分享了在目前复杂和跨界的环境下如何高效地用设计来讲故事。

（一）重新思考表现视觉层次的方法

用视觉设计讲好品牌故事需要独特的视觉呈现方法，这和大多数设计师在设计过程中用到的不太一样。不是先有脑洞大开的想法，而是需要先提供能够把用户吸引到故事中来的视觉场景。

在设计中，有一种普遍的看法，"我想让你知道什么，就会让你先看到什么"。"当你用视觉语言去讲故事的时候，你需要另辟蹊径。首先，你需要设定背景或问题，然后再为故事找到解决方案或寓意"，布瑞恩·巴吕这样认为。

（二）整合可以使故事简单有趣的视觉线索

在文创产品包装设计中，整合有趣的视觉线索和知识点能够更好地传递文化内涵，增强故事性和趣味性。具体可以从以下几个方面思考。

（1）融入传统民间工艺元素将具有地域特色的传统手工艺融入包装设计，如将剪纸图案应用于包装外袋或使用刺绣元素点缀包装盒等。

（2）借鉴地方非遗文化符号。在包装上巧妙融入地方非物质文化遗产中的符号、图腾等视觉元素，传递文化知识。如借鉴某地剪纸中的花鸟图案作为包装的装饰图案，并配以文字说明其寓意。

（3）运用生动形象演绎故事。在包装设计中加入可爱的动物或人物卡通形象，扮演某个地方民间传说故事中的角色，生动诠释文化故事内涵。

（4）植入文化知识谜题线索。通过包装上的谜题设计或隐喻象征，引发消费者对文化知识的好奇，促使用户主动去了解和思考文化背景。

（5）呼应时下文化热点话题。紧跟当下社会的文化热点话题，在包装设计中加入有趣的视觉元素和相关知识点，吸引年轻人的关注。

通过这些富有创意的设计手法，将视觉线索和文化知识点融入文创包装中，不仅能让包装设计更加生动有趣，还能更好地传递文化内涵，提升文化品牌的亲和力。

（三）使用可以传递品牌真实一面的视觉风格

所谓传递品牌真实一面的视觉风格，是指在包装设计中采用一种能够真实反映品牌本质、呈现品牌独特个性和内在理念的视觉表现手法。它强调以一种真实、质朴、有温度的视觉语言，展现品牌对产品的用心态度、对工艺的执着追求、对环境的友善理念以及对文化的热忱传承等诸多内在品格。这种视觉风格避免过度的修饰和虚饰，而是努力传达品牌最本真、最踏实、最富有人文关怀的一面，从而赢得消费者的认同和信赖。它不仅关注产品本身，更关注产品背后所蕴含的设计理念、文化内涵和制作故事，通过视觉化的手段真实再现并弘扬这些内在精神。

总的来说，传递品牌真实一面的视觉风格，旨在通过包装设计的视觉语言，让消费者洞悉品牌的本真面目和内在品质，从而与品牌建立情感联系和认同感。这种视觉风格往往富有质朴、纪实、手工、环保、人文等特质，能够极大提升品牌的真实感和亲和力。

在文创产品包装设计中传递品牌真实一面的视觉风格，可以从以下几个方面着手。

（1）手工质感风格。文创产品往往凝聚了工匠们的心血，采用手工艺制作的质感视觉风格能很好地体现这一点。如在包装上运用手绘插画、手工印染、蜡染等手工艺术，传递匠人精神和对传统工艺的执着。

（2）地域生活场景化风格。即将文创产品置身于当地生活场景中进行视觉呈现，通过真实可信的场景化展示，让品牌与该地区文化的联系更加贴近，拉近与消费者的距离。

（3）传统工艺质朴风格。文创产品往往源于民间手工艺，采用粗犷朴实的视觉风格，如麻布纹理、陶土质地等，能很好地传达品牌对传统工艺的虔诚热爱和对匠心的尊重。

（4）环保自然材质风格。很多文创产品采用天然环保材质，在包装视觉上巧妙运用这些自然材质的肌理、色泽等，能彰显品牌的环保理念和对自然的友善态度。

（5）非遗传承纪实风格。纪实性地记录非遗传承人的工作场景、肖像、手艺过程等，通过真挚生动的视觉影像，传递品牌对非物质文化遗产保护的执着和人文关怀。

（6）地域特色趣味风格。运用当地特有的吉祥物、图腾、民间艺术等视觉元素，融入一些生动活泼、富有当地特色的趣味设计，展现品牌的地方文化底蕴和亲和力。

（7）融合当代元素的复古风格。借鉴当地传统工艺的复古元素，融入一些当代视觉语言，形成一种兼具传统文化内涵和现代活力的视觉风格，传达品牌正确对待传统文化的态度。

通过上述充满手工质感和生活气息的视觉风格设计，能很好地传递文创品牌的文化实践理念和对手工艺人的珍视，从而提升品牌的文化传播力和美誉度。

 **小贴士**

创意总监布瑞恩·巴吕提出的相关观点

布瑞恩·巴吕强调了现代品牌营销中的真实性和重要性，特别是文创产品包装设计。以下是他的主要观点。

真实性原则：在品牌与消费者建立联系的过程中，真实性是至关重要的。他认为，品牌应该通过真实的方式与消费者建立情感纽带，而不是依赖夸张或虚假的宣传。

包装的重要性：包装不仅是产品保护层，更是品牌与消费者接触的重要触点。因此，包装设计应该真实反映品牌的内在理念和品质追求。

视觉风格：提倡使用质朴自然、手工质感、工艺纪实等视觉风格，这些风格能够真实呈现品牌的本质，与消费者产生共鸣。

反对过度包装：品牌应该避免过度修饰和夸张的包装，因为这些往往会让消费者感到不信任。相反，展现产品的本真面目和文化内涵更能打动人心。

文化内涵的传递：品牌应该通过包装设计讲述产品背后的故事，展现其文化内涵。这种故事性可以增加产品的附加价值，使消费者感到品牌的深度和丰富性。

消费者认同：通过真实和质朴的视觉语言，品牌可以触动消费者的内心，从而获得他们的认同和信赖。这种情感上的连接是品牌忠诚度和长期成功的关键。

品牌个性的展现：强调了品牌个性的展现，每个品牌都有其独特的故事和价值观，包装设计应该能够传达这些个性。

可持续发展：在当前环保意识日益增强的背景下，真实性也与可持续性相关联。使用环保材料和设计，减少不必要的包装，也是展现品牌真实性的一种方式。

布瑞恩·巴吕的这些观点为品牌营销和包装设计提供了深刻的洞察，强调了在设计中追求真实性、情感共鸣和文化价值的重要性。通过这种方式，品牌能够更有效地与消费者沟通，建立更深层次的联系。

 讨论题

课程作业任务：以家乡的地方特色为主题提交一个完整的文创产品设计方案。

作业详细要求如下。

1. 概念与理念阶段（成果：概念报告及理念陈述）。

提交一份不少 500 字的概念报告，阐述所选文创产品的设计灵感和文化背景。

设计理念应详细说明创作意图，包括但不限于产品定位、目标受众与市场分析。

必须包含文献参考或市场调研资料作为支持依据。

2. 草图与初步设计阶段（成果：手绘草图集）。

建立至少 3 种不同方案的手绘草图，并为每个方案撰写不少于 200 字的设计说明。

要求手绘草图质量清晰，线条可辨，可包含注释以解释设计元素。

所有草图必须按照一定格式整理提交（如 A3 尺寸纸张，PDF 格式）。

3. 计算机制图阶段（成果：高保真度计算机设计图）。

从草图中选择一个方案，使用专业设计软件（如 Adobe Illustrator 或 Photoshop）制作计算机图稿。

提供产品设计的三视图（正面视图、侧面视图、俯视图）以及至少两个应用视觉展示图。

给出设计图尺寸、色彩模式（CMYK 或 RGB）、切割线等专业细节，并以指定格式输出（如 AI/PSD/EPS/PDF）。

4. 包装设计阶段（成果：包装设计效果图与打样文件）。

设计与产品相配套的包装，包括外观视觉和结构图纸。

生成包装设计效果图，包括视觉图和用于生产的展开图纸。

5. 分析与总结阶段（成果：设计过程分析报告）。

针对设计过程中遇到的关键困难，编写至少 300 字的分析报告。

报告应包括具体问题的描述、采取的解决措施及最终结果。

强调反省与学习，以利于自身设计技能的提升。

DESIGN

第五章
材料与工艺分析

学习导语

本章将深入探讨如何通过精心选择和创新运用材料与工艺，提升文创产品的设计质量和文化价值。本章通过对不同材料的特性、加工技术和工艺流程的学习和分析，带你了解它们是如何影响产品的最终形态、功能和美学表现的。

学习目标

1. 掌握不同工艺技术，包括传统手工艺和现代制造技术，以及它们对产品设计的启示。
2. 理解如何通过材料和工艺的选择传达设计的文化内涵和审美理念。
3. 探索可持续设计原则，如何在文创产品设计中实现环境友好和资源节约。

第一节 材料与工艺

材料是人类文明和时代进步的标志和科技发展的产物。文创产品造型设计的过程实际上是对材料理解和认识的过程和应用的过程。选择不同的材料和加工工艺可以给文创产品带来形态、质感、性能的巨大变化。

功能特性因材料而异。例如，陶瓷耐热性和硬度较高。塑料容易塑形和着色。玻璃质硬，有一些突出的光学特性；木材使用方便，不同种类的木材具有耐久力和永久性的特点。

根据材料来源，可以分为天然材料、加工材料、合成材料、复合材料等。根据材料的物质结构，可以分为金属材料、无机材料、有机材料、复合材料等。

一、设计基础材料——塑料

塑料是一类可塑性极高的材料，在产品设计中具有诸多优势，如形式多样、轻质、可塑性强、耐候性好、成本低、电绝缘性强、可回收性高、可再塑造、低密度和高耐磨性等，这些优势促使塑料成为现代产品设计中不可或缺的材料之一，并在各个领域展现出其广泛的适用性和创新潜力。

塑料可通过加热和加压等操作加工成各种形状和结构，以满足不同的设计需求；也可通过多种加工方法进行成型和加工，提供了灵活的制造选择。

相比于金属、玻璃等材料，塑料的密度较小，因此其制造的产品更加轻便且易于携带。部分塑料拥有一定的韧性，抗震性好，比玻璃等脆性材料不易破损。

塑料还具有良好的绝缘性、耐湿性，因此，塑料在电子和电器产品的设计中应用极为广泛，如电线、插座等；还可通过添加导电材料制作具有导电特性的导电胶、导电膜等塑料制品，用于电子元器件的保护和传输。

塑料有可回收性强的优势，这为其回收再利用提供了诸多便利。不同类型的塑料可以通过热塑性和热固性两种方式进行回收，如热塑性塑料可以通过熔化和再造的方式回收，其性能不会受到太大影响；热固性塑料虽然无法直接回熔，但可以通过其他方式，如破碎、粉碎和再固化等方法进行回收利用。通过对塑料进行回收和再利用，可以将其转化为新产品或原材料，节约资源并减轻对环境的负担。通过对塑料进行回收并将其转化为新材料或产品，可构建一个闭环经济系统，延长塑料的使用寿命和价值链，减少资源的线性消耗，刺激循环经济的发展。

在塑料的制作过程中调节填料和添加剂的用量，可提高塑料的强度、耐热性、阻燃性、耐候性和外观特性，满足不同产品设计的要求，这种灵活性为塑料材料在各个领域的应用提供了广阔空间。常用的填料包括纤维、玻璃纤维、碳纤维等，一方面，通过添加适当的填料，可使塑料具有更高的拉伸强度、耐磨性和耐撞击性，提高其力学性能，使其更适用于应对不同的力学应力和环境条件。另一方面，添加不同类型的添加剂可以改善塑料的热稳定性、抗氧化性和阻燃性等性能。例如，在汽车零部件和电子设备等需在高温环境中持续运作的产品，需添加热稳定剂，以提高塑料的热稳定性，进而确保相关产品能够承受高温工作条件；此外，调节填料和添加剂的用量还可改变塑料的外观和纹理。通过添加颜料和增塑剂，可使塑料呈现出不同的颜色和质感，满足不同外观需求，在家居用品、包装材料和玩具等领域中具有极为重要的应用价值。

（一）塑料成型工艺

1. 注塑成型

注塑成型是加工热塑性塑料成型制品的一种重要方法。将热塑性或热固性塑料在可控温度的料筒内加热塑化，在压力作用下通过喷嘴进入浇口、流道再进入模腔，快速固化后，开模，顶出制品。注塑制品品种多，如日用塑料制品、机械设备和电器的塑料配件等。除氟塑料外，几乎所有的热塑性塑料都可采用注塑加工。

2. 挤塑成型

挤塑成型又称挤出成型，是利用挤出机把热塑性塑料连续加工成各种断面形状制品的方法。将热塑性或热固性塑料装入料斗，然后进入料筒中，在料筒中加热、塑化。用螺杆将物料前推，通过具有所需截面构成的喷嘴。这种方法主要用于生产塑料板材、片材、棒材、异型材、电缆护层等。目前，挤塑制品约占热塑性塑料制品的 40%~50%。

3. 吸塑成型

吸塑成型也称热成型，成型时将热塑性塑料板材或片材夹持起来，固定在模具上，用辐射加热器加热，当加热到软化温度时，用真空泵抽去板材和模具之间的空气，在大气压力作用下，板材拉伸变形贴合到模具表面，冷却后定型成为制品。吸塑成型可用于成型包装制品，如药品包装、一次性餐盒、电子产品如纽扣电池包装等，较厚的板材还可成形壳罩类制品如冰箱内胆、浴室镜盒等。

4. 吹塑成型

吹塑成型也称中空成型，源于古老的玻璃吹瓶工艺。依塑料管状形坯制取的方法不同，吹塑成型分为两大类：挤出吹塑成型和注射吹塑成型。将加热的热塑性塑料挤出管放到开口模具的两半模之间，施加气体压力，使其靠住封闭的模具侧壁膨胀，开模，顶出制品。吹塑成型在日用工业中常用来成型轿车油箱、轿车暖风通道、化学品包装容器、便携式工具提箱等。

5. 压延成型

压延成型经串联式加热或冷却辊滚压将面团式热塑性塑料熔体制成厚度均匀的板，还可以用于将塑料覆盖层压到其他材料背侧。压延是生产高分子材料薄膜和片材的成型方法，既可用于塑料，也可用于橡胶。如在最后一对辊间同时通过已经处理的纸张或织物，使热的塑料或橡胶膜仅在辊筒压力下与这些基材贴合在一起，可制造出复合制品。这种方法称为压延贴合，对橡胶而言，又称贴胶。大家熟悉的人造革、地板革、壁纸等均是塑料与基材的复合制品。

6. 发泡成型

在发泡成型过程或发泡聚合物材料中，通过物理发泡剂或化学发泡剂的添加与反应，形成蜂窝状或多孔状结构。几乎所有的热固性和热塑性塑料都能产生微孔结构，制成泡沫塑料，常用的树脂有聚苯乙烯、聚氨酯、聚氯乙烯、聚乙烯、脲甲醛、酚醛等。

（二）塑料在文创产品中的应用

塑料是一种常见的材料，不同类型的塑料具有不同的特性和用途，将其用于产品设计，能够更好地激发设计师的创新灵感，拓宽产品的使用范围。以塑料为主要材料进行产品设计时，需从产品功能入手，选择合适的塑料材质种类及加工工艺，同时根据环保要求和消费者个性化、多元化需求进行情感化和环保性设计，既要满足产品功能需求，又要符合人们的审美和情感特点，借助塑料材料的优势将产品的内涵和特色更好地表达出来。

1. 小天鹅氛围灯

小天鹅氛围灯（图 5-1）整体造型由一体成型的弧形底座和优雅上扬的流线型主体构成。底座呈扁平化设计，模拟天鹅优美的展翅造型，线条柔和流畅，给人以蓄势待发的生命力感。主体部分根据天鹅颈部和头部的形态进行抽象化再造，颈部线条平滑上扬，体现天鹅优雅高贵的神态，头部微微扬起，展现出天鹅自信从容的神韵。

图 5-1　小天鹅氛围灯（设计者：马黎）

造型设计充分考虑了产品本身的氛围灯功能属性。底座的扁平弧形不仅营造出天鹅振翅欲飞的动感，同时也为灯座内置光源提供了理想的出光角度，使光线能够均匀地洒向四周，产生柔和的环境氛围光。头颈部位则作为主光源的出口，由于采用半透明材质，光线能够通过微微弯曲的颈部柔和地散射出来，模拟天鹅羽毛丝质的细腻质感。

在材质和工艺方面，利用了塑料的可注射成型和多种可能的表面处理工艺。产品一体成型，无接缝，线条简洁利落。外表经过拉丝处理，手感细腻，有种丝绒般的柔顺质地。通过双层半透明设计，内层镜面喷涂，外层渐变喷涂，产生温润的光影效果。同时采用脱膜工艺，使外层呈细微"绒毛"状，极富质感。

总的来说，这款灯具融合了天鹅优雅动人的外形意象和现代简约流线的设计风格，将传统文化元素与现代家居生活巧妙融合，融入了极高的审美意蕴和创意动能，是一款富有独特魅力的文创家居产品。

2. 成都金沙遗址博物馆文创

早在 1982 年成都就被国务院划定为第一批国家历史文化名城。这座拥有着伟大古蜀文明的城市，历经时间的冲刷成长为一座既拥有独特历史底蕴又充满潮流风尚的现代化城市。成都依托于金沙遗址、杜甫草堂等历史名迹，在现代化建设的今天又相继建立四川博物院、成都博物馆、四川美术馆等文博机构，市民享受着丰富的文化生活。成都的文创也多依据历史文化主题展开，如金沙博物馆根据太阳神鸟环推出的一系列文创，这些文创产品包括首饰、摆件、文具、模型等，每一件都强烈表达着金沙遗址文化符号，突出体现了金沙文化与精神。图 5-2 所示为文创产品金沙萌宠——呜噜噜。"呜噜噜"是一个小型文创摆件产品，采用塑料材料制成，其设计灵感源于铜人形器。"呜噜噜"无头，颈部有一个圆孔，整体造型圆润饱满，右手举着一只神鸟，十分可爱。通过这样的文创产品将非物质文化遗产与人们的现代生活结合在了一起，使非遗文化变得年轻化。

图 5-2　成都金沙遗址博物馆文创产品

（图片来源：https://mp.weixin.qq.com/s/bnD3duSbDq_y3lu1zuPYwA）

3."遇见长安"系列盲盒

唐风十足的"遇见长安"系列盲盒将帝王将相、舞乐伶人用 Q 版人物手办一一展现，目前已收录了黄袍加身、气势十足的女皇武则天，白月光一般的长孙皇后，精致唯美的安乐公主，擅长音律的虞美人，精通天文的李淳风，神采奕奕的唐玄宗等一众"历史名流"。如图 5-3 所示，这款盲盒的隐藏款是敦煌壁画飞天，头戴宝冠，肩绕彩带，腾云而起，轻盈如风。历史的沉重和底蕴被盲盒文化赋予了全新的生命力，也让人在未知的乐趣中开启了一段奇妙的大唐文化之旅。

图 5-3　"遇见长安"系列盲盒

（图片来源：https://mp.weixin.qq.com/s/IsFb3WDrsC8NYAgm1i-CeQ）

这里运用塑料材料可塑性好、着色性好、质量轻、可模拟其他材质的光泽度和硬度的特点，在实现灵动外观设计的同时，降低了产品本身的重量，使得产品具有便携性，且制造成本相比其他金属、木质、玻璃等材料较低，色彩表现性突出。

二、不锈钢——不生锈的革命

不锈钢是目前日常生产生活中常用的一类合金钢材料，更是产品设计的优良选材之一，如图 5-4 所示。从大的概念来说，不锈钢耐水、蒸汽、空气等弱腐蚀介质和酸、碱、盐等化学侵蚀性介质腐蚀，故又称不锈耐酸钢。需要注意的是，在实际应用中，往往将耐弱腐蚀介质腐蚀的钢称为不锈钢，而将耐化学介质腐蚀的钢称为耐酸钢。由于两者在化学成分上的差异，前者不一定耐化学介质腐蚀，而后者则一般均具有不锈性。

图 5-4　不锈钢文创产品

（图片来源：https://mmbiz.qpic.cn/mmbiz_jpg/u4WvkEZ0n87SfRpUJGxgU8NObPY9dGeCmcDtZnGRtP4xNt8Tx2hiaCehUibgzbZNXcdNWrFTD
P2MkgQx45k7q5TA/640?wx_fmt=jpeg&tp=wxpic&wxfrom=5&wx_lazy=1&wx_co=1）

不锈钢分为四大主要类型：奥氏体、马氏体、铁素体、铁素体 - 奥氏体（复合式）。家居用品中使用的不锈钢基本上都是奥氏体。

材料特性： 卫生保健，防腐蚀，可进行精细表面处理，刚性高，可通过各种加工工艺成型，较难进行冷加工。

典型用途： 奥氏体不锈钢主要应用于家居用品、工业管道以及建筑结构中；马氏体不锈钢主要用于制作刀具和涡轮刀片；铁素体不锈钢具有防腐蚀性，主要应用在耐久使用的洗衣机以及锅炉零部件中；铁素体 - 奥氏体（复合式）不锈钢具有更强的防腐蚀性能，所以经常应用于侵蚀性环境。

不锈钢的表面处理工艺如下。

1. PVD 工艺

物理气相沉积（physical vapor deposition，PVD）是指利用物理过程实现物质转移，将原子或分子由源转移到基材表面上的过程。它的作用是可以使某些有特殊性能（强度高、耐磨性、散热性、耐腐性等）的微粒喷涂在性能较低的母体上，使得母体具有更好的性能。PVD 基本方法：真空蒸发、溅射、离子镀（空心阴极离子镀、热阴极离子镀、电弧离子镀、活性反应离子镀、射频离子镀、直流放电离子镀）。

iPhone X 不锈钢加 PVD 工艺的顺利量产，标志着不锈钢加塑胶中框 PVD 技术方案已经成熟，为手机厂商表面处理方案多增加一项选择。

2. 喷砂处理

喷砂是采用压缩空气为动力，以形成高速喷射束将喷料（铜矿砂、石英砂、金刚砂、铁砂、海砂）高速喷射到需处理的工件表面，使工件表面的外表或形状发生变化。喷砂在工程与表面工艺方面都有很强的应用，例如，提高黏接件黏度、去污、优化机加工后的表面毛刺、表面哑光处理。喷砂工艺比手工打磨要均匀而高效，这种方法的不锈钢处理，打造出产品低调、耐用的特征。

3. 化学处理

不锈钢作为一种坚固耐用且富有金属质感的材料，非常适合用于文创产品的设计制作。通过各种化学处理工艺，可以赋予不锈钢多种风格化的外观效果，将现代简约的金属质感与丰富的文化内涵融会贯通。如可以先通过电解抛光，钝化、氧化着色、激光雕刻、陶瓷涂层等多种化学工艺，对不锈钢进行全面或选择性的表面处理，使不锈钢表面光可鉴人，呈现出时尚简洁的金属光泽。

4. 镜面处理

不锈钢的镜面处理，简单来讲就是对不锈钢表面进行抛光，抛光手法分为物理抛光和化学抛光。也可以在不锈钢表面进行局部抛光，抛光的等级分为普通抛光、普通 6K、精磨 8K、超强精磨 10K 效果。镜面给人以高档简约、时尚未来的感觉。

5. 表面着色

不锈钢着色不仅赋予不锈钢制品各种颜色，增加产品的花色品种，而且提高产品耐磨性和耐腐蚀性。表面着色的方法有很多种，主要分为：化学氧化着色法；电化学氧化着色法；离子沉积氧化物着色法；高温氧化着色法；气相裂解着色法；阳极氧化着色，通过阳极氧化可以在铝表面形成一层致密的氧化膜，再通过着色剂渗入该膜层，这样就可以获得丰富的颜色效果，如蓝色、红色、黑色等，这种着色工艺通常会被应用于铝质文创产品设计中，从而赋予文创产品丰富的色彩和视觉冲击力。

6. 表面拉丝处理

拉丝工艺是不锈钢产品常用的一种手法，可根据装饰需要，制成直纹、乱纹、螺纹、波纹和旋纹等。不锈钢表面拉丝给人超好的手感、细腻的光泽、耐磨的表面以及个性的纹理效果。如对青铜器般造型的工艺品进行全面拉丝处理，就能给人一种来自博物馆的文物般质感。

7. 喷涂

不锈钢喷涂与上面讲到的表面着色有实质性的不同，根据材料的不同，有些喷涂可能会破坏不锈钢表面氧化层。但喷涂可以使简单的工艺达到不同色彩的不锈钢材质产品，也可以运用不同的喷涂改变不锈钢的手感。如通过特殊的喷涂工艺模拟氧化、掉漆等仿旧效果，可以使新制品呈现出独特的仿古质感，彰显历史文化的韵味，非常适合于怀旧风格的文创产品。

三、铝——现代材料

铝是地壳中含量最丰富的金属元素之一，呈银白色。我们日常生活中有不少铝制产品，如铝锅、铝盆、铝门窗、铝车架、铝轮毂等都是用金属铝或铝合金做的。铝合金密度低，但强度比较高，塑性好，可加工成各种型材，具有优良的导电性、导热性和抗蚀性，因此在很多领域都有广泛使用。

材料特性：柔韧可塑、易于制成合金、高强度 - 重量比、出色的防腐蚀性、易导电导热、可回收。

典型用途：通过激光镂空、压印、铝板雕刻等工艺，可以将国潮元素、传统文化元素等融入各种铝制文创衍生品中。

（一）铝制品加工工艺

1. 冷冲

冷冲制作工艺是一种在金属加工领域广泛应用的技术，它涉及在室温条件下，利用冲压模具对金属材料施加压力，使其产生塑性变形或分离，从而获得所需形状和尺寸的零件。这种工艺具有高效、节能、成本较低的特点，并且能够保证产品尺寸的精确性和一致性。在文创产品设计中，冷冲制作工艺可以发挥重要作用，尤其是在金属材质的文创产品制作上。

优点：开模周期较短，开发成本相对拉伸模具较低。

典型用途：金属装饰品加工利用冷冲压工艺，可以将铝、铜、不锈钢等金属材料压制成各种形状的装饰品，如挂件、徽章、吊坠等。通过对模具的精心设计，能够在装饰品上成形出精美的图案、浮雕等装饰效果，展现出极高的工艺价值。

2. 拉伸

拉伸是一种金属加工工艺，通常是指通过施加力使金属板材或管材发生塑性变形，从而获得所需形状和尺寸的零件。拉伸工艺在文创产品设计中的应用，不仅可以提高产品的工艺水平和艺术价值，还能够满足市场对创新和个性化的追求。通过精心的设计和加工，拉伸工艺能够为文创产品带来独特的视觉和触感体验。

优点：较复杂和多次变形产品在生产制程中尺寸控制稳定，产品表面较光洁。

典型用途：在珠宝设计中，拉伸工艺可以用来制造各种形状的金属框架和配件，为珠宝增添独特的设计元素。

（二）铝制品的表面处理

1. 喷砂

喷砂是指利用高速砂流的冲击作用清理和粗化金属表面的过程。这种方法的铝件表面处理能够使工件的表面获得一定的清洁度和不同的粗糙度，使工件表面的机械性能得到改善，因此提高了工件的抗疲劳性，增加了它和涂层之间的附着力，延长了涂膜的耐久性，也有利于涂料的流平和装饰。通过喷砂处理，可以使文创产品的金属或非金属表面获得一种均匀的粗糙质感，增加产品的触感和视觉美感。

2. 抛光

抛光是指利用机械、化学或电化学的作用，使工件表面粗糙度降低，以获得光亮、平整表面的加工方法。抛光工艺主要分为机械抛光、化学抛光、电解抛光。铝件采用机械抛光＋电解抛光后能接近不锈钢镜面效果，高质量的抛光工艺可以显著提升文创产品的品质感，增加其艺术价值和市场价值。

3. 拉丝

金属拉丝是反复用砂纸将铝板刮出线条的制造过程。拉丝可分为直纹拉丝、乱纹拉丝、旋纹拉丝、螺纹拉丝。金属拉丝工艺可以清晰显现每一根细微丝痕，从而使金属哑光中泛出细密的发丝光泽。拉丝工艺可以用来表现某些文化元素或图案，如传统纹样、民族特色等，从而增加产品的文化内涵。

4. 高光切削

高光切削是指采用精雕机将钻石刀加固在高速旋转的精雕机主轴上切削零件，在产品表面产生局部的高亮区域。高光切削的亮度受铣削钻头速度的影响，钻头速度越快，切削的高光越亮；反之，则越暗，并容易产生刀纹。高光切削工艺能够精密体现金属表面的细节纹理，达到极高的光亮程度，是突出金属质感、展现手工痕迹的绝佳手段，因此在追求精致气质的文创金属产品设计中有着广泛应用。

5. 双色阳极

双色阳极是指在一个产品上进行阳极氧化并赋予特定区域不同的颜色。双色阳极氧化工艺在电视机行业较少应用，因为工艺复杂，成本高；但通过双色之间的对比，更能体现出产品的高端和独特外观。

四、镁合金——超薄美学设计

镁合金是以镁为原料的高性能轻型结构材料，比重与塑料相近，刚度、强度不亚于铝，具有较强的抗震、防电磁、导热、导电等优异性能，并且可以全回收、无污染。

镁合金的热容量低、凝固速度快、压铸性能好，是良好的压铸材料，它具有很好的流动性和快速凝固率，能生产表面精细、棱角清晰的零件，并能防止过量收缩以保证尺寸公差。

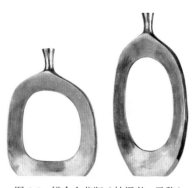

图5-5 镁合金花瓶（拍摄者：马黎）

镁合金具有优良的切削加工性。镁合金是所有常用金属中较容易加工的材料。加工时可采用较高的切削速度和廉价的切削刀具，工具消耗低；而且不需要磨削和抛光，用切削液就可以得到十分光洁的表面。

镁合金超轻的密度特性赋予了文创产品前所未有的轻盈质地。无论是手工艺品、装饰摆件还是办公用品，轻量化的镁合金使产品便于携带和安放，给人一种质感上的全新体验。

典型用途：利用镁合金的轻盈质地和金属质感特性，可设计制作各种时尚家居饰品，如镁合金花瓶、镁合金装饰摆件、镁合金相框等。这些产品轻便实用，同时具备现代金属质感（图5-5）。

镁合金材料成型工艺如下。

1. 压铸镁合金

压铸是镁合金最主要、应用最广泛的成型工艺。镁合金有优良的压铸工艺性能：镁合金液黏度低，流动性好，易于充满复杂型腔。用镁合金可以很容易地生产壁厚 1.0~2.0 毫米的压铸件，现在最小壁厚可达 0.6 毫米。镁压铸件的铸造斜度为 1.5 度，而铝合金是 2~3 度。

2. 变形镁合金

变形镁合金不同于铸造镁合金的液态成型，而是通过在 300~500 摄氏度温度范围内挤压、轧制、锻造的方法固态成形。由于变形加工消除了铸造组织缺陷并细化了晶粒，故与铸造镁合金相比，变形镁合金具有更高的强度、更好的延展性和更好的力学性能，同时生产成本更低。

目前镁合金的塑性成型过程主要为锻造和挤压镁合金，少量为轧制成型，且均需采用热加工方式。因此，变形温度是重要参数，同时变形速率和应力状态也是重要的考虑因素。

（1）锻压成型：锻压成型是一种常见的金属加工工艺，通过施加压力使金属材料变形，从而获得所需形状和性能的过程。锻压成型因其精度高、变形能力强的优势，在文创产品的金属材料加工中有着广泛的应用前景。如吊灯、链扣等，都可通过锻压成型工艺来制作。锻压成型能够很好地保留金属原有的光泽度和质地（图 5-6）。

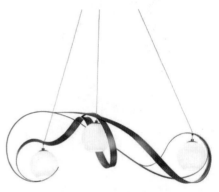

图 5-6 锻压成型工艺吊灯（拍摄者：马黎）

（2）挤压成型：镁合金是一种轻质高强的金属材料，具有密度小、比强度高、加工性能好等优点。挤压材料也是 AZ 和 ZK 系镁合金，温度一般控制在 300~460 摄氏度，具体温度还和特定的合金牌号与挤压形状有关。适合用于制造一些户外运动装备，如登山杖、骑行车把手等，体现运动之美。

（3）轧制成型：铸造成平面形状且有圆形边缘的镁锭可以用来进行厚板和薄板的轧制。一般镁合金厚板厚度为 11~70 毫米，薄板厚度为 0.8~10 毫米。镁合金的冷轧性能不佳，一般厚板可以在热轧机上直接生产，而薄板一般采用冷轧和温轧两种方式生产。轧制成型能赋予金属材料特殊的形状和表面质感，是文创产品设计中常用的金属加工前道工序，为金属文创产品的最终成型打下基础。

3. 半固态成型技术

半固态成型技术是在金属凝固过程中，将结晶过程控制在固——液两相共存温度，并通过剧烈搅拌破碎枝晶组织，从而获得一种金属母液中悬浮一定固相成分的固——液混合浆料，再采用压钠、模锻等成形加工工艺进行的金属成形技术。半固态加工是一种新型、先进的工艺方法，与传统液态铸造成型相比，具有成型温度低（镁合金可降低 100 摄氏度左右），延长模具的寿命，改善生产条件和环境，细化晶粒，减少气孔、缩孔，提高组织致密性，提高铸件质量等优点。

五、铜——人类的伙伴

铜是人类祖先最早应用的金属，它有延性和展性，是热和电的最佳导体之一。铜既是一种古老的金属，又是一种充满生机和活力的现代工程材料。铜是有色金属，可以说它与人类关系非常密切，被广泛地应用于机械制造、建筑工业、电气、轻工、国防工业等领域，在我国有色金属材料的消费中仅次于铝。铜在电气、电子工业中应用最广、用量最大，占总消费量一半以上，用于各种电线、电缆、电机和变压器的绕阻等。当然铜也以其良好的性能被制成其他各类产品，如餐具、雕塑、工艺品等如图 5-7 和图 5-8 所示。

图 5-7　铜餐具（拍摄者：马黎）

图 5-8　脊兽黄铜书签

（图片来源：http://mms0.baidu.com/it/u=1733164682，
1784920988&fm=253&app=138&f=JPEG?w=500&h=691）

铜合金是以纯铜为基体加入一种或几种其他元素所构成的合金。纯铜呈紫红色，又称紫铜。纯铜具有优良的导电性、导热性、延展性和耐蚀性，主要用于制作发电机、电缆、开关装置、变压器等电工器材和热交换器、管道、太阳能加热装置的平板集热路等导热器材。常用的铜合金分为黄铜、白铜、青铜类。

铜在现代社会中扮演着十分重要的角色：它被大量应用于建筑结构当中，作为传输电力的载体，另外，几千年来它还一直被许多不同文化背景的人们作为制作身体装饰品的原材料。从最初简单的译码传输，到后来在复杂的现代通信应用中扮演的关键角色，这种具有延展性、橘红色的金属一路伴随着我们发展进步。铜是一种优良的导电体，其导电性能仅次于银。从人们利用金属材料的时间历史这一点来说，铜是仅次于金的被人类利用最悠久的金属。这一点在很大程度上是因为铜矿很容易开采，而且铜业比较容易从铜矿中分离出来。

材料特性：很好的防腐蚀性，极好的导热、导电性能，坚硬，柔韧，具有延展性。抛光后，效果独特。

典型用途：轧制成型能赋予金属材料特殊的形状和表面质感，是文创产品设计中常用的金属加工前道工序，一些大型金属雕塑作品的雏形，往往需要先通过轧制成形将金属加工成所需的板材或型材，再经过焊接、锻造等阶段最终成型。

铜制品加工工艺如下。

1. 铸锭轧制法

铸锭轧制法通常是热轧，先将铜及铜合金铸成较大的铸锭，并加热到一定温度（即高于合金材料的再结晶温度），热轧成板坯或带材。金属文具制品，如金属笔壳、书签、装订夹等，都可以采用铸锭轧制出的金属薄板作为原材料制作。

2. 铸锭锻轧法

铸锭锻轧法是一种专门针对特定需求的金属加工技术,这种技术把金属加热用来处理那些性能特别的金属块。金属块在热锻之后,其"柔韧性"提高,在被进一步加工或使用时,不容易裂开或者变形。简单来说,它让金属变得更加结实和好用。

3. 铸造挤压轧制法

铸造挤压轧制法是一种集成了多道工序的金属成形加工方法,通过合理搭配铸造、挤压和轧制等工艺手段,可以为文创产品设计提供多样化的金属材料和形态选择。

六、铬——高光洁度的后处理

铬最为常见的存在形式是作为合金元素用于不锈钢中来增强不锈钢的硬度。镀铬工艺通常分为三种类型:装饰性铬镀层、硬质铬镀层以及黑色铬镀层。铬镀层在工程领域中应用相当广泛,装饰性铬镀层通常作为最表层镀于镍层外面,镀层具有精致细腻如镜面一般的抛光效果。

材料特性:光洁度非常高,优良的防腐蚀性能,坚硬耐用,易于清洗,摩擦系数低。

典型用途:装饰性镀铬常用于许多汽车元件的镀层,包括车门把手以及缓冲器等,除此之外,铬还应用于自行车零部件、浴室水龙头以及家具、厨房用具、餐具等。硬质镀铬更多地用于工业领域,包括作业控制块中的随机存储器、喷气机发动机元件、塑料模具以及减振器等。黑色镀铬主要用于乐器装饰以及太阳能利用方面。

七、钛——轻巧而结实

钛是一种正逐渐兴起的新型材料,以钛为基加入其他合金元素组成的合金称为钛合金,其质地非常轻盈,且十分坚韧和耐腐蚀,在常温下终身保持本身的色调。钛合金具有密度低、强度高、抗腐蚀性能好、工艺性能好等优点,但钛合金的工艺性能差,切削加工困难,在热加工中,非常容易吸收氢、氧、氮、碳等杂质,抗磨性差,生产工艺复杂。

钛和钛合金采用金属塑性加工方法制成不同规格的板、带、管、棒、线、箔和型材,作为新型的结构材料,其应用领域上可至航天航空、军事工业,下可到机械、化工、日用、家电、通信等各行各业。钛和钛合金还可以用作镀覆材料,具有优良的耐腐性和良好的装饰性。

钛是一种纯性金属,正因为钛金属的"纯",故物质和它接触时,不会产生化学反应。也就是说,因为钛的耐腐蚀性、稳定性高,使它在和人长期接触以后也不影响其本质,所以不会造成人的过敏,它是唯一对人类植物神经和味觉没有任何影响的金属,被人们称为"亲生物金属"。

材料特性:非常高的强度,难以进行冷加工,良好的可焊接性,大约比钢轻40%、比铝重60%,低导电性,低热胀率,高熔点。

典型用途:高尔夫球杆、网球拍、便携式电脑、照相机、行李箱、外科手术植入物、飞行器骨架、化学用具以及海事装备等。另外，钛也被用作纸张、绘画以及塑料等所需的白色颜料。

钛合金加工工艺如下。

1. 真空熔炼技术

使用冶炼合金钢的真空冶炼炉，通过炉内产生的涡流将钛合金加热融化成液体，优点是整个加工过程在真空中进行，能防止空气中的杂质进入金属，冶炼出高质量的合金。

2. 等温锻造技术

通过对模具加热到坯料变形温度，并以低应变速率变形的模锻，称为等温锻造。钛合金等温锻造技术是一项新工艺，结合热机械处理能获得综合力学性能最优化的钛合金等温锻件，但在模具材料、模具制造和模具加热装置等方面的成本投入比常规锻造方法高，大多用于制造飞机的零部件。

3. 冷成型

在不进行加热的情况下，对钛合金进行冲剪、弯曲、拉伸等的加工方式称为冷成型。

4. 表面处理

基体钛合金材料表面上人工形成一层与基体的机械、物理和化学性能不同的表层的工艺方法。根据钛合金特性，现阶段以等离子渗、离子束、电子束、激光束等为现代标准的表面处理技术，主要是为了提高钛合金的耐磨性、耐蚀性、抗微动磨损性、高温抗氧化性等。

八、金属材料在文创产品中的应用

金属产品与其他材料产品的区分在于材质本身的特性带给人的生理和心理体验等，以及因其物理性能差异而产生不同的制造工艺。在金属文创产品的设计生产中，目前存在手工制作和现代工艺加工的形式。

（一）手工艺金属文创产品

随着我们国家经济和生产力的发展，人们对手工艺的看法发生了改观：在推行城市化、发展重工业的时期，手工艺一度成为"落后、不发达"的符号；而在工业文明不断发展的过程中，智力、文化同样成为重要的生产要素，如今这个将文化创意作为驱动产业之一的时代被称为精神经济时代。目前，许多学者开始关注手工艺文创产品并进行相关研究。

例如，敦煌银胎掐丝银杏五彩壶，如图 5-9 所示。银杏五彩壶的壶身以银胎为底，用银丝掐成敦煌银杏树图案，树干流畅，树叶相叠，精巧细致，粘在银壶之上，表现自然生命力银杏叶状的造型别出心裁，寓意着大自然的生机盎然。通过金属材质的流畅线条和色彩的丰富运用，再现了自然之美。

铜作为一种质地温润、色泽独特的金属材质，通过锻造浮雕工艺可以充分展现其立体质感和温暖光泽，如图 5-10 所示。优秀的造型设计能最大限度地诠释铜材质独有的魅力，让作品充满金属质地的生命力。

图 5-9 敦煌银胎掐丝银杏五彩壶

（图片来源：https://mp.weixin.qq.com/s/PuKCkvtM06fCb60gkykfrA）

图 5-10 使用锻铜浮雕技艺制作的文创产品

（图片来源：中国知网）

（二）现代工艺生产的金属文创产品

受限于成本，金属材质批量生产的文创产品多以如书签、吊坠、装饰画等承载二维艺术图案表现产品为主，如湖南省博物馆文创——宝相花铜镜（图 5-11），设计来源于湖南省博物馆馆藏——唐代菱花形宝相花纹铜镜。经过艺术处理而组合的图案，具有雍容华丽的美感，含有吉祥、美满的寓意，是一种独具民族特色的图案纹样。金属 3D 打印技术在文创产品的应用研究较少，仅有部分案例供参考：如极致盛放（现名极臻三维）采用金属 3D 打印技术做了金属首饰（图 5-12）；以及钛合金摆件（图 5-13）。

无论是手工艺还是机械生产，金属文创产品都面临金属材料加工困难以及消费者对产品独特性和定制的需求，在进行金属文创产品的设计时，设计师需要解决产品方案单一、产品功能性差等问题。

图 5-11 宝相花铜镜（拍摄者：马黎）

图 5-12　极致盛放设计的金属 3D 打印铜戒指
（图片来源：中国知网）

图 5-13　钛合金摆件
（作者：卢文军）

第二节　木材及其加工工艺

一、木材概述

（一）木材工业的发展历史及现状

　　木材是由裸子植物和被子植物的树木产生的天然材料，它是人类使用最早的一种造型材料，是人们生活不可缺少的、重要的再生绿色资源。木材工业是指以木材和木质材料为原料，经机械加工或化学加工，其产品仍保持木材基本特性的产业，主要产品包括锯材、人造板和各种木制品等。中国森林资源宜林区广，森林树种丰富，木材工业是中国的基础产业，在国民经济建设中发挥着重要作用。在不可再生资源日益枯竭、人类社会正在走向可持续发展的今天，木材以其特有的固碳、可再生、可自然降解、美观和调节室内环境等天然属性以及强度质量比高和加工能耗小等加工利用特性，为社会的可持续发展做出了显著贡献。

　　木材作为一种自然材料，因其美观、环保和可再生的特性，经常被用于文创产品设计中，如图 5-14 所示。

图 5-14　木制文创产品

（图片来源：http://mms2.baidu.com/it/u=3025333604，2067098208&fm=253&app=138&f=JPEG?w=615&h=400）

木材在配饰产品设计中的应用体现了其独特的美学价值和实用功能，如图5-15所示，木材可以雕刻成各种形状的珠子或吊坠，用于项链、手链等首饰设计，提供温暖和有机的感觉。

图 5-15　木质首饰（拍摄者：马黎）

（二）木材的分类

木材来自于树木的基部，树木一般由树根、树冠、树干组成，而树干又由树皮、形成层、木质部和髓心组成，按其锯切方向不同，可分为三种切面：横切面、径切面和弦切面。

木材按所取自的树种不同可分为针叶树材和阔叶树材两大类。

杉木、红松、白松、黄花松、云杉和冷杉等属针叶树材，这类树木的树叶细长，大部分为常绿树。其树干直而高大，纹理顺直，木质较软，易于加工，所以又被称为软木材。针叶树材的表观密度小，强度较高，胀缩变形小，是建筑工程中的主要用材。

柞木、水曲柳、香樟及各种桦木、楠木和杨木等则属于阔叶树材，其树叶宽大呈片状，大多数为落叶树。阔叶树树干通直部分较短，木材较硬，加工比较困难，又被称为硬木材。其表观密度较大，易胀缩、翘曲、开裂，常用作室内装饰、次要承重构件、胶合板等。

木材按用途和加工方法的不同，分为原条、原木、普通锯材、特种用材和木质人造板材等类型。

（三）木材的特性

木材与其他材料相比，具有多孔性、各向异性、湿胀干缩性、燃烧性和生物降解性等独特性质，因此必须更好地利用这些特性和最大限度地限制其副作用，其主要特性如下。

1. 易加工、易连接

木材除了可以用机械加工外，还可以用手工具加工；可以加工成各种型面，也可以进行弯曲、压缩、旋切等加工；可以以各种形式的榫结合，也可以用钉子、螺钉、各种连接件及胶黏剂接合。

2. 与钢材比较

导热性、导电性、声音传导性较小，热胀冷缩性能不显著，这些性能都优于钢材。

3. 装饰性

木材具有天然的纹理和色泽，可以加工成美丽的花纹图案，是一种较好的装饰材料。

（1）颜色。木材的颜色是由于细胞腔内含有各种色素、树脂、树胶及其他氧化物等，这些物质渗透到细胞壁中呈现各种颜色。树种不同，木材所显示的颜色也有所区别。如云杉为白色；桃花心木、红柳为红色；黄柳、桑树为黄褐色或黄色。

（2）光泽。光泽是指木材对光线的反射与吸收的程度。某些木材光泽很好，如云杉；有的木材则不具光泽，如冷杉。光泽会因木材放置的时间过长而减退，甚至消失。但在对木制品的表面处理时，要求具有较好的光泽，以增加木制品的美观性。

（3）纹理。纹理是指木材纵向组织的排列方向的表现情况，可以分为直纹理、斜纹理、波浪纹理、皱状纹理、交错纹理、螺旋纹理等。除上述自然形成的纹理外，还有人工加工成的纹理。

4. 调湿性

木材能够吸收空气中的水分，当空气干燥时，木材也能够放出水分，起到调节湿度的作用。

5. 易解离

木材可以用机械的方法打碎然后再胶合。刨花板、纤维板的生产就是利用了木材的这种特性。

6. 易腐朽和虫蛀

木材是一种有机物质，在生长和储存的过程中，易受菌、虫的侵蚀，使木材受到一定的破坏，降低其使用性能。

7. 干缩湿胀

木材和其他材料不同，在大气中受环境的影响，当环境的温度和湿度发生变化时，常常引起木材的膨胀或收缩，严重时会发生变形和开裂，降低木材的使用价值。

8. 各向异性

由于木材的构造在各个方向不同，木材在不同的方向上的物理机械性能也有所不同，在使用木材时应充分考虑到木材的这个缺点。

9. 具有天然缺陷

由于木材是一种天然材料，在生长过程中受自然环境的影响，有许多天然缺陷，如节子、弯曲等。这些天然缺陷会影响木材的使用。

二、木材的加工

（一）木材的成型

1. 配料

配料是木制品加工的第一道工序，一件木制品往往由若干构件组成，这些构件在规格尺寸和用料等方面的要求有所不同。配料就是按照规定的尺寸和质量要求，将木材锯割成各种规格毛料或净料的加工过程。

在配料时，应根据木制品的质量要求以及木构件在制品上所处部位的不同，从树种、纹理、规格、含水率等方面综合考虑木材的选用。

2. 构件加工

经过配料后，就要对毛料进行平面加工、开榫、打孔等以加工出所要求的形状、尺寸、结构和表面粗糙度的木制品构件。构件加工一般包括基准面的加工、相对面的加工、划线、榫头和榫孔的加工等。

（1）基准面的加工

为了能够获得准确的形状、尺寸，符合设计要求的表面以及后续工序定位的准确性，必须对完成配料加工后的毛料进行基准面的加工，它是后续加工的尺寸基准。基准面包括平面（大面）、侧面（小面）和端面等。基准面加工可利用手工平刨或平刨床等机械进行。

（2）相对面的加工

为了最终获得平整、光洁，且具有符合技术要求的形状和尺寸规格的木制品构件，在基准面加工完成后，以基准面为基准加工出其他几个表面。

（3）划线

在木材坯料上用笔或墨线等工具划出外形，标出相对位置与尺寸，称为划线。划线是保证产品质量的关键工序，它决定了构件上榫头、榫眼及圆孔等的位置和尺寸，直接影响到配合的精度和结合的强度。

（4）榫头和榫孔的加工

在采用榫结合方式的部位，如图5-16所示，应在相应的构件上分别加工出榫头和榫孔，开榫打眼是木构件加工中的重要工序，其加工质量直接影响产品的结合强度和使用质量。

图 5-16 榫卯连接

（二）木材的切削

在木材的成型加工过程中，经常会涉及木材的切削加工。木材的切削加工是通过刀具作用于木材产生相对运动，以获取一定形状、尺寸和表面状态的木构件的加工过程。木材的切削是木材加工中最常用的一项基本工艺，其加工质量和水平对胶合工艺和表面装饰工艺有重要影响。常用的切削方式有锯切、刨削、铣削、钻削、磨削、凿削等。

1. 锯切

木材切削加工中使用最为频繁的就是锯切。锯切所用的工具便是锯，常用的锯有带锯、圆锯、框锯、钢丝锯、链锯等，属多刃切削工具。带锯的工作区段以直线运动进行切削；圆锯切削为回转运动；框锯切削是直线往复运动，进给运动大多数为直线运动。按设计要求将尺寸较大的原木、板材或方材等，沿纵向、横向或按曲线进行开锯、开榫、锯肩、分解、截断、下料时，都会用到锯切加工。

2. 刨削

刨削也是一种重要的木材加工方法，它是切削刀具刨刀与工件做相对直线运动一次完成的切削过程。加工时可采用刨削机或手工操作的刨子加工平面或刨出槽口、线角等。刨削中，工件或切削刀具两者之一必须固定安装。多数刨光机采用工件固定，切削工具同时做切削运动和进给运动。刨削方法工作效率低，但木材经刨削加工后，可以获得尺寸和形状准确，表面平整光洁的构件，用其他切削方法往往很难达到。

3. 铣削

铣削的切削工具为铣刀，可用于加工平面、成型表面、雕花表面、成型回转体以及榫、槽等。铣刀刀头根据刀刃相对铣刀刀头轴线位置的不同而分为圆柱形、锥形、端面铣削三种基本形式。铣削用于平面加工时为圆周铣削，加工所得表面和刨削加工相似。铣刀在切削过程中做高速回转运动，除加工成型回转体等制件外，其进给大都为直线运动，两者所合成的切削过程运动轨迹为摆线，所以铣削加工往往会在加工表面上形成波纹状的运动学不平度。

4. 钻削

钻削是指钻头围绕自身轴线旋转的切削方式。在钻削过程中，木材或钻头沿钻头轴线方向做进给运动。根据钻削进给方向相对木材纤维方向的不同，可分为纵向与横向两种。横向钻削和纵向钻削的钻头各有特色，前者有沉割刀和导向中心，而后者则有锥面端部。钻削加工用于钻出圆孔、方孔、通孔、盲孔、开槽以及挖节去疤等。

5. 磨削

磨削是通过磨料（如砂纸、砂轮、磨石等）与材料表面接触，利用磨料的硬度和颗粒的切削作用，去除材料表面的极薄层，以达到所需的表面质量。磨削后，木材表面可能需要涂覆保护层，如清漆、蜡或油，以增强耐磨性、保护木材并增加光泽。在文创产品设计中，磨削不仅用于改善木材的表面质量，还可以通过不同的磨削技巧创造出独特的设计效果，如仿古、做旧等。

6. 凿削

凿削的工具主要是各种凿子，多用于榫孔的加工，而框架榫孔结构是木制品构件间结合的基本形式。

（三）木材的弯曲

在许多产品或部件中会将平直的木材进行弯曲加工，如图 5-17 所示。木材从力学角度上看是一种弹性材料，在结构上呈多孔状，我们可以根据木材的这个特性使其弯曲。但是如果要获得较小的弯曲曲率半径，应在弯曲之前对木材进行软化，以增大木材的塑性。

图 5-17　银杏椅

（图片来源：http://mms2.baidu.com/it/u=1110914251，187414178&fm=253&app=138&f=JPEG?w=750&h=500）

木材弯曲是将木材软化后，在弯曲力矩作用下将其弯曲成所要求的曲线形状，并使其干燥定型的过程。弯曲工艺主要包括下列工序：毛料选择和加工、软化处理、弯曲、干燥定型等。

1. 毛料选择和加工

不同树种木材间的弯曲性能差异很大，即使是同一树种在同一棵树上的不同部位其弯曲性能也不相同。一般情况下，阔叶材的弯曲性能优于针叶材；幼龄材、边材比老龄材和芯材的弯曲性能好。因此，在选择毛料时要按制件断面尺寸和加工形状来挑选弯曲性能合适的树种，同时还要剔除大节疤、腐朽、轮裂、乱纹理和表面间隙等缺陷。

毛料的含水率对弯曲质量和加工成本都有较大的影响，含水率过低，毛料容易破裂；含水率过高，毛料弯曲时会因水分过多形成静压力而造成废品，而且弯曲制件的定型干燥时间也会增加。一般含水率为 10%~15% 的毛料可以不进行软化处理而直接进行弯曲。软化处理后的弯曲毛料含水率在 25%~30% 内为宜。

毛料选好以后应预先进行表面刨光，加工成所要求的断面和长度；对于弯曲形状不对称的制件，弯曲前还要在弯曲部位中心位置划线，以便将其与样模中心对准。

2. 软化处理

软化处理的目的是使木材具有暂时的可塑性，以使木材在较小力的作用下即可按要求变形，并在变形状态下重新恢复木材原有的刚性和强度。因此，为了改进木材的弯曲性能，在弯曲前往往会进行软化处理。软化处理一般可分为物理手段（如蒸汽、热处理）和化学方法（如溶剂浸泡），可以降低木材的硬度和脆性，增加其柔韧性和可塑性，从而使木材能够被加工成复杂的形状和结构，以适应文创产品设计中对材料塑形的高要求。

3. 弯曲

经软化处理特别是蒸汽和水煮等方式，材料从处理罐槽中取出后，应立即进行弯曲操作，以免冷却以后塑性减退，再进行弯曲易产生折断损坏。利用模具、钢带等装置用手工或机械的方法可将已软化好的木材加压弯曲成所要求的形状。

手工弯曲就是用手工木夹具进行加压弯曲，通常适用于加工数量少、形状简单的木制件。夹具由样模、金属夹板、端面挡块、楔子和拉杆等组成。弯曲前，需要操作者认真观察毛料表面，选择比较光洁的表面贴向金属夹板。弯曲时将工件放在样模与金属夹板之间，两端用端面挡块顶住，对准工件上的标记与样模中心线打入楔子使其定位；扳动杠杆把手，使工件紧贴样模；然后用拉杆拉住工件两端，将金属夹板和端面挡块一起取下，送往干燥室干燥定型。

在成批生产弯曲木制件时，可采用各种曲木机加工，如图 5-18 所示。以提高生产效率。曲木机又称为木材压弯机，常用的曲木机有 U 形曲木机和回转型曲木机。U 形曲木机用于弯曲各种形状不对称的、不封闭的制件，如沙发及椅子扶手、椅座圈、桌子的望板、椅腿等。回转型曲木机可弯曲各种封闭的制件，如圆环形、梯形等木椅座圈和环形望板等。

图 5-18　木材压弯工艺（拍摄者：马黎）

4. 干燥定型

已经弯曲的工件在弹性力作用下会伸直，因此工件需要在弯曲状态下进行干燥，降低其含水率，直到形状稳定为止。常用的干燥定型方法有干燥室法、自然干燥法、高频干燥法、微波干燥法等。

（四）木材的连接与装配

木制品往往是通过若干的木制工件相互组合、连接最终成型的，这个工件间组合的过程称为装配。对结构和生产工艺比较简单的木制品，可直接由构件装配成成品，而对比较复杂的木制品，则需要把构件装配成部件，通过一定的加工后，才能最后装配成木制品。常用的木构件连接方式有榫卯连接、胶连接、钉连接、螺钉连接、连接件连接等。

1. 榫卯连接

榫卯连接是目前广泛使用的木制品连接方式，在家具产品中尤为常见，它是一种传统的木材连接方式，榫卯连接的文创产品如图5-19所示。榫卯连接是将榫头压入榫眼或榫槽内，把两个制件连接起来的接合方法。一般情况下在连接处还加以胶黏剂以增加其强度。

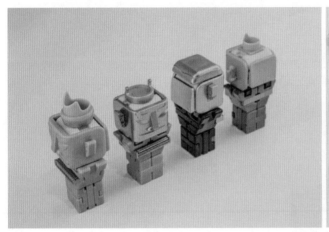 

图 5-19 三星堆榫卯文创

（图片来源：https://mmbiz.qpic.cn/mmbiz_jpg/6hiauFne18hKUyYZTSDJ7oKnI1R5BsGlEbpHm7LPxNqib3iajPamlVHkDOl
ztdm6wsYEB4R9xrAia78paQianbpOnVg/640?wx_fmt=jpeg&tp=wxpic&wxfrom=5&wx_lazy=1&wx_co=1）

按照不同的分类方式，榫可以分为不同的类型。

按榫头的形状不同可将榫分为：直角榫、燕尾榫、圆榫、椭圆榫。

按榫头的数目多少来分，榫头可分为单榫、双榫、多榫。一般的框架接合多采用单榫、双榫，如桌、椅的框架接合。箱框，如木箱、抽屉的接合多采用多榫。对于单榫而言，根据榫头切肩形式的不同，嵌板结构是框式家具中常用的结构形式，不仅可以节约材料，同时比整体采用拼接稳定，不易变形。将人造板或拼板嵌入木框中间，起封闭与隔离作用的结构称为嵌板结构。

根据榫头与方材之间是否分离可分为整体榫与插入榫，整体榫是直接在木材制件上加工而成的，如直角榫、燕尾榫、椭圆榫均属于整体榫。而插入榫与制件是分离的，不是一个整体，单独加工后再装入制件预制孔或槽中，如圆榫、片榫。插入榫主要是为了提高接合强度和防止制件扭动，用于制件的定位与接合。为提高接合强度，圆榫表面常压有不同形式的沟槽，它们是贮胶用的，以期在上胶后获得更好的连接效果。

根据接合后是否能看到榫头的侧边，可将其分为开口榫、半开口榫、闭口榫。直角开口榫加工简单，但强度欠佳且影响美观；闭口榫接合强度较高，外观也好；半开口榫介于开口榫与闭口榫之间，既可防榫头侧向滑动，又能增加胶合面积，兼有二者的特点。

根据榫头贯通与否，榫接合又可分为明榫接合与暗榫接合。明榫榫端外露，接合强度大，但会对接合后的美观度造成影响；暗榫可避免榫端外露以增加美观，但接合强度弱于明榫。实际设计中，会根据一定的需要在明榫与暗榫间进行选择，例如，一般为保证家具的美观性，多采用暗榫接合，但受力大且隐蔽或非透明涂饰的制品，如沙发框架、床架、工作台等可采用明榫接合。

2. 胶连接

胶连接是指在木构件之间借助于胶层对其相互作用而产生的胶着力，使两个或多个木构件接合在一起的连接方法。胶连接是木制品常用的一种连接方式，主要用于实木板的拼接及榫头和榫孔的胶合。其特点是结构牢固、外形美观、制作简便。

用于木材胶接的胶黏剂种类繁多，最常用的是聚醋酸乙烯酯乳胶液，俗称白乳胶。它的优点是无须加热，在常温下固化快，固化后的胶层无色透明，不污染木材表面，无腐蚀性；胶合强度好，使用方便、安全，对人体无刺激作用。但成本较高，耐水性、耐热性差，易吸湿，在长时间静载荷作用下胶层会出现蠕变，只适用于室内木制品。

近年来，出现了一些新的胶接方式，在形成连接的同时还能对原材进行修补，如速成木胶。速成木胶所形成的是一种密度、比重、硬度和着色性都与木质非常相近的材料，能快速固化达到木质的硬度，它与一般木胶、腻子不同，具有强度高、无挥发物、不变形、凝固速度快，可在糅合过程中配色等特性。所形成的速成木和木质一样可以进行锯、刨、钻、雕刻或其他加工、喷涂。因速成木在固化前呈胶泥状，在黏接修补时不需要任何辅助工具，并且不滴落、不流淌，使用非常方便。

3. 钉连接

钉连接是借助于钉与木质材料之间的摩擦力将两个或两个以上木构件连接在一起的连接方法。钉连接有时也会与胶黏剂配合使用，常用的有竹钉、木钉、金属钉等。

4. 螺钉连接

螺钉连接是一种借助于钉体表面的螺纹与木质材料之间的摩擦力将两个或两个以上木构件连接在一起的连接方法。螺钉连接在木制家具生产中应用广泛，常被用来连接不宜多次拆装的制件。

5. 连接件连接

连接件连接是指将两个或多个木构件通过另外加工生产的连接件进行连接的方法。连接件的发展和使用使现代的木制品结构发生了根本的变化，连接件在各类拆装式的木制品中得到了广泛的应用。

采用拆装式连接件的木制品结构，不仅拆装方便，而且结构简单，便于实现生产的连续化、自动化，实现零部件的标准化、系列化和通用化，也给产品的包装、运输、储存带来了很大的方便。

连接件的类型繁多，规格各异，常用的连接件有倒刺式连接件、螺旋式连接件、偏心式连接件和拉挂式连接件等。

三、常用木材

为了在设计中恰如其分地用材，必须充分了解一些常用木材的性能特征。下面介绍一些常用的木材品种。

（一）实木

1. 松木

松木色淡黄，疤多，如图 5-20 所示，具有松香味，对大气温度反应快，容易胀大，极难自然风干。所以在使用前往往需要经过加工处理，如烘干、脱脂、漂白等，中和树性，使之不易变形。

2. 楠木

楠木如图 5-21 所示。比较著名的品种可分三种：一是香楠，木微紫而带清香，纹理也很美观；二是金丝楠，木纹里有金丝，是楠木中最好的一种，更为难得的是，有的楠木材料的木纹犹如天然山水人物模样；三是水楠，木质较软，多用其制作家具。楠木的色泽淡雅匀称，伸缩变形小，易加工，耐腐朽，是软性木材中最好的一种。

3. 杉木

杉木材质轻软，易干燥，收缩小，不翘裂，耐久性能好，易加工，切面较粗，易劈裂，胶接性能好，如图 5-22 所示。其广泛用于建筑、桥梁、造船、电杆、家具、器具等方面。

图 5-20 松木

（图片来源：https://img.
wood365.cn/Trade/20113/
20110315024527.jpg）

图 5-21 楠木

（图片来源：https://res.cngoldres.com/upload/2014/
0828/3e598eda77f94179d35849df2c87a38.jpg?）

图 5-22 杉木

（图片来源：https://img.zuixinbieshu.com/
k/2022/13/2022041302382276.png）

4. 椴木

椴木的白木质部分通常较大，呈奶白色，逐渐淡至棕红色的心材，具有精细均匀纹理及模糊的直纹，如图 5-23 所示。椴木机械加工性良好，易于手工工具加工，因此是一种上乘的雕刻木料，经砂磨、染色及抛光能获得良好的平滑表面；干燥较快且变形小，老化程度低；干燥时收缩率较大，但尺寸稳定性良好。椴木还是一种可再生资源，使用椴木作为文创产品设计的材料符合环保和可持续发展的理念。

5. 柞木

柞木比重大，质地坚硬，强度高，收缩大，结构致密，不易进行锯切，切削面光滑，易开裂、翘曲变形，不易干燥，如图 5-24 所示。耐湿、耐磨损，不易胶接，着色性能良好。柞木常用于制作装饰木地板。

6. 香樟

香樟具有香气，能防腐、防虫，材质略轻，不易变形，加工容易，切面光滑，有光泽，如图 5-25 所示。其具有较好的耐久性，胶接性能良好，油漆后色泽美丽。在中国传统文化中，香樟常被视为吉祥的象征，可以用于设计具有文化寓意的文创产品。

7. 水曲柳

水曲柳树质略硬，纹理直，结构粗，花纹美丽，如 5-26 所示。其耐腐、耐水性较好，易加工但不易干燥，韧性大，胶接、油漆、着色性能较好，具有良好的装饰性能，是目前家具、室内装饰用得较多的木材品种之一。

图 5-23 椴木	图 5-24 柞木	图 5-25 香樟	图 5-26 水曲柳
（图片来源：https://img.wood365.cn/Trade/20122/20120226022040.jpg）	（图片来源：https://img.wood365.cn/Trade/20122/20120226024452.jpg）	（图片来源：https://cbu01.alicdn.com/img/ibank/2019/331/070/11485070133_73844190.jpg）	（图片来源：https://img.wood365.cn/Trade/20151/2015131201752777.jpg）

8. 桦木

桦木材质略重硬，结构细，如图 5-27 所示，其强度大，加工性、涂饰、胶合性好。古人常用其做门芯等装饰。由于桦木的无毒和环保特性，适合用于儿童玩具和用品的设计。

9. 榆木

榆木木性坚韧，纹理通达清晰，硬度与强度适中，如图 5-28 所示，榆木可透雕、浮雕，刨面光滑，弦面花纹美丽，有"鸡翅木"的花纹，可供家具、装修等用。榆木经烘干、整形、雕磨漆，可用于制作精美的雕漆工艺品。花纹美丽，结构粗，加工性、涂饰、胶合性好，干燥性差，易开裂翘曲。

10. 榉木

榉木材质坚硬，纹理直，结构细，耐磨有光泽，干燥时不易变形，加工、涂饰、胶合性较好。榉木的色泽和纹理可以很好地展示木材的自然美，适合用于展示传统文化元素的文创产品，如图 5-29 所示。

11. 红木

红木的特点是颜色较深、木质较重，如图 5-30 所示。一般红木木材本身都有自身所散发出的香味，尤其是檀木；材质较硬，强度高，耐磨，耐久性好。但因为产量较少，所以很难有优质树种，质量参差不齐；纹路与年轮不清晰，视觉效果不够清新；材质较重，搬运困难；材质较硬，加工难度高，而且容易出现开裂的现象；材质比较油腻，高温下容易返油。

图 5-27　桦木

（图片来源：http://www.cqyymc.com/data/upload/image/20160622/1466586832701637.jpg）

图 5-28　榆木

（图片来源：https://static.xxmyf.com/news/2019/2019122001748F/711fcd25-a9d6-711c-296a-0cefe18d149c.jpg）

图 5-29　榉木

（图片来源：https://pic2.zhimg.com/80/v2-48c9e4b1ff0b7d03b8752db60dc421fd_720w.webp）

图 5-30　红木

（图片来源：https://img.wood365.cn/Trade/20170726/2017726161254497.jpg）

（二）人造板材

人造板材是利用木材及其他植物原料，用机械方法将其分解成不同单元，经干燥、施胶、铺装、预压、热压、锯边、砂光等一系列工序加工而成的板材。人造板材的优点在于幅面大，结构性好，施工方便，具有膨胀收缩率低，尺寸稳定，材质较均匀，不易变形开裂等特点。

人造板材以其易于加工、多样的表面处理特性和成本效益，成为文创产品设计中实现创意表达、文化融合和个性化定制的理想材料。

1. 胶合板

胶合板是一组单板胶合而成的板材。结构多为奇数层，特殊情况下也有制成 4 层、6 层等偶数层的。由于胶合板有变形小、幅面大、施工方便、不易翘曲、横纹抗拉强度大等特点，在家具、造船、造车、军工、包装及其他工业部门获得广泛应用。

胶合板分类方法很多，按用途可以分为普通胶合板和特种胶合板两大类。普通胶合板是由奇数层单板根据对称原则组坯胶合而成的，是产量最多、用途最广、结构最为典型的胶合板产品。特种胶合板是结构、加工方法、用途与普通胶合板都有明显差异的胶合板产品。

胶合板虽广泛应用于各领域，但在用材时必须注意到其某些缺陷，如胶合板的胶合强度不高，某些胶合板会出现鼓泡或开胶现象；胶合板会产生翘曲变形以及芯板叠层离缝；此外在外观上由于某些原因也会造成透胶、变色等情况。

细木工板俗称大芯板，它是一种特殊的胶合板，是由两片单板中间胶压拼接木板而成。中间木板由优质天然的木板经热处理以后，加工成一定规格的木条，由拼板机拼接而成。拼接后的木板两面各覆盖两层优质单板，再经冷、热压机胶压后制成。

作为一种厚板材，细木工板具有普通厚胶合板的美丽外观和相近的强度，但细木工板比厚胶合板质地轻，用胶少，成本低。与刨花板、中密度纤维板相比，其天然木材特性更顺应人们对自然性的要求。细木工板质轻，易加工，握钉力好，不变形，板面美观，幅面宽大，使用方便常应用于家具制造、门板、壁板等，可以说是室内装修和家具制作的理想材料。

2. 刨花板

刨花板又称碎料板，是指由木刨花、锯末等木材碎料或如稻草、甘蔗渣、亚麻屑、麦秸等非木材植物碎料与胶合剂一起热压而成的板材。刨花板按制造方法可分为平压法刨花板和压法刨花板；按板的构成可分为单层结构刨花板、三层结构刨花板、多层结构刨花板、渐变结构刨花板；按表面状态可分为未砂光板、砂光板、涂饰板、装饰材料饰面板等。

刨花板的特点在于幅面大，表面平整，隔热隔音性能好，纵横面强度一致，易于加工，可进行贴面等表面装饰，但不耐潮、容重大。刨花板的使用可以说是变废为宝，它是木材综合利用的重要途径之一，主要用于家具和建筑工业、交通运输和包装等行业，还可用作吸声、保温、隔热材料。

3. 纤维板

纤维板是以植物纤维为原料，经过纤维分离、成型、热压或干燥等工序制成的板材。纤维板通常按产品密度分非压缩型和压缩型两大类。非压缩型产品为软质纤维板，压缩型产品有中密度纤维板和硬质纤维板。

软质纤维板质轻，空隙率大，有良好的绝缘性、吸声性和隔热性，多用作公共建筑物内部的覆盖材料。经特殊处理可得到孔隙更多的轻质纤维板，具有吸附性能，可用于净化空气。

中密度纤维板或称半硬质纤维板结构均匀，密度和强度适中，有较好的再加工性。产品厚度范围较宽，具有多种用途，如家具用材、电视机的壳体材料、装饰背景材料等。

硬质纤维板产品厚度范围较小，为3~8毫米，但强度较高，多用于建筑、家具制造、船舶、车辆等。

总体上看，纤维板的优点在于材质均匀致密，表面平整光滑，锯切等机械加工方便，线条清楚且成型边直，容易进行封边、钻孔等表面装饰与加工处理。其缺点是螺钉旋紧后如果发生松动，很难再固定；木质纤维热磨成浆，施胶较多，所以板材的甲醛含量较高，环保性能不佳。

四、木材在文创产品设计中的应用

（一）广州陈家祠独占鳌头木质积木

广州陈家祠独占鳌头木质积木正是运用了木材的特性进行设计与制造的，如图5-31所示，这些积木以广州陈家祠这一著名建筑作为灵感源泉，通过对木材的雕刻和组装，再现了陈家祠独特的建筑风格和元素。木材在该产品中扮演着多重角色。首先，木材作为积木的主要材料，赋予了产品稳定性和坚固性。其次，木材的色泽、纹理和质感赋予了产品独特的观感和触感。这些木材积木经过巧妙的设计和制作，能够模拟出陈家祠的特色建筑元素，例如独特的屋顶、雕花的门窗等，使得产品更贴合主题，激发观众对于传统建筑和文化的兴趣。同时符合现代社会对于环保和可持续发展的追求。木材的应用使得文创产品更具吸引力和情感共鸣，为人们带来了一种融合了传统与现代的体验。

（二）桃木珠项链

桃木是中国传统园林常用的木材，纹理细腻、质地细密坚硬，色泽温润富有层次感，非常适合制作高雅精致的木质首饰。在造型设计上采用了圆珠、扁圆珠、长条珠等不同造型的桃木珠穿联组合，造型简约大方，充满东方审美气息，如图 5-32 所示，项链利用桃木的自然纹理，展现项链的自然美感。

图 5-31　广州陈家祠独占鳌头木质积木

图 5-32　桃木珠项链

（三）Odin Parker 暖心木雕

由于木材本身具有自然纹理和温暖色调，每一件木雕作品都带有一种独特的自然美感。观赏者可以通过触摸木材的表面，感受到木纹的纹理和温润的质感，这种亲近自然的感受引发了与作品的情感共鸣。Odin Parker 暖心木雕通过艺术家巧妙地发挥木材的特性，将木块雕刻成各种动物或人物形象，形成一个个温馨而生动的故事情境。木材的可塑性使得艺术家的想象力得以发挥，同时保留了木材本身的天然特点，呈现出独特的艺术价值。木材作为一种自然材料，与人们的情感和环境保护意识产生了共鸣，使得文创产品更具吸引力和文化价值。

 小贴士

Odin Parker 是来自美国的专注于木质玩具的品牌，如图 5-33 所示，创立之初是为了给孩子一个美好而愉快的童年，通过与天然木质材料的亲密接触，孩子们在玩耍中感受到大自然的温暖。每一块木头都是独一无二的，就像每一个孩子都是独特而宝贵的。Odin Parker 深信，这些木质玩具能够唤起孩子们内心深处最美好的记忆，陪伴他们度过无数个充满欢笑和奇迹的时光。Odin Parker 是一个有温度的品牌，作品也很温暖人心。

图 5-33　Odin Parker 暖心木雕

（图片来源：http://mms1.baidu.com/it/u=3671966210，1129239129&fm=253&app=120&f=JPEG?w=500&h=625）

 拓展知识

在文创产品设计中，材料的选择和技术的运用将极大影响产品的功能性、美观性及环保性。随着当前的材料科学和技术的发展，还有许多新材料可以应用到文创产品设计中，以提升文创产品的实用性和市场竞争力。

1. 可持续材料的应用

生物基与可降解材料：随着环保意识的提升，生物基材料和生物可降解材料变得越来越受欢迎。例如，聚乳酸（PLA）是一种基于玉米淀粉的塑料，它不仅来源于可再生资源，而且在工业堆肥条件下可以完全降解。这类材料适用于制作一次性使用的文创产品，如环保型包装、装饰品等。

再生材料：使用回收木材、回收塑料等再生材料可以减少对原始资源的依赖，同时降低环境影响。例如，回收的木材可以用于制作复古风格的文创家具或装饰品，回收塑料则可以用于生产文具、玩具等产品。

2. 智能和功能性材料

温度感应材料：相变材料（PCM）可用于文创产品中，如咖啡杯、服装等，以调节和维持产品在特定温度下的性能。这些材料能根据环境温度变化吸收或释放热量，从而提供额外的舒适度和实用性。

光敏和热敏材料：光致变色和热致变色材料可以增加产品的互动性和美观性。这些材料在特定光线或温度下改变颜色，适用于制作变色眼镜、装饰品、艺术品等。

3. 高性能复合材料

碳纤维和玻璃纤维复合材料：这些材料因其高强度和轻质特性，广泛应用于需要耐用性和轻便性的文创产品中，如便携设备的外壳、运动设备等。

3D 打印材料：3D 打印技术允许使用多种复合材料制造复杂和定制化的文创产品。3D 打印技术的灵活性使得设计师可以在设计产品时无须考虑传统制造技术的限制。

4. 纳米技术材料的应用

纳米涂层：纳米涂层可以提供防水、防污、抗刮擦和抗菌效果，适用于需要长时间保持新颖外观和清洁状态的文创产品，如手机壳、电子设备外壳等。

　　纳米填充复合材料：通过在塑料、橡胶或其他基材中添加纳米填料（如碳纳米管），可以显著提高材料的机械强度和耐久性，适用于制作耐用的文创产品部件。

 讨论题

　　1. 塑料材料的优缺点有哪些？

　　2. 请比较 PE 和 PVC 两种塑料，并对其市场应用进行调查。

　　3. 试比较木材的三切面有何不同。

　　4. 木材的优缺点有哪些？

　　5. 木材可以通过哪些工艺进行弯曲？

　　6. 榫卯连接有哪些形式？

DESIGN

第六章
AIGC 在文创产品设计中的应用

学习导语

探索 AIGC 生成式人工智能技术如何与文创产品设计相结合，创造出既具有文化深度又充满现代感的产品。

学习 AIGC 技术的基本原理，了解它如何在设计过程中发挥作用，以及如何利用这些技术增强文创产品的吸引力和市场竞争力。

学习目标

1. 了解 AIGC 技术的发展历程、核心原理以及在文创领域的应用案例。

2. 探索 AIGC 如何帮助设计师快速生成创意草图、色彩方案和设计元素。

3. 讨论 AIGC 技术如何提升产品的互动性和个性化体验，包括个性化推荐和定制化内容。

4. 通过分析成功的 AIGC 应用案例，理解其在实际文创产品设计中的运用，并在实践中尝试应用这些技术。

第一节　AIGC 技术在文创设计中的应用

一、AIGC 技术概述

随着人工智能技术的快速发展，AIGC（artificial intelligence generated content，人工智能生成内容）技术在文创产品设计中扮演着日益重要的角色。通过深度学习等技术，AIGC 能够高效地结合传统文化元素与现代设计理念，创造出既有文化深度又符合时代感的创意产品。这一技术融合了机器学习、深度学习、自然语言处理等先进的人工智能算法，赋能于数据分析和模式识别，以此辅助并优化设计创作过程。通过对历史数据、文化遗产、艺术作品以及设计原型的深入学习和分析，AIGC 能够产生新颖且多样化的设计概念和产品原型，这无疑为设计师和文创产业带来了前所未有的可能性（图 6-1）。

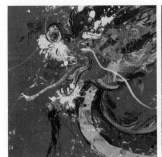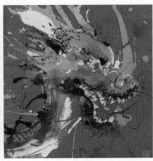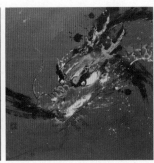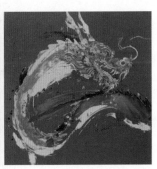

图 6-1　AIGC 在文创领域的应用示意图

（提示词：吴冠中风格的可爱绿幼龙、红天飞舞、抽象线条、毕加索插画风）

AIGC 在文创领域的应用不仅限于自动化生成图案和样式，它在理解和转化文化意象、创作故事性强的内容，甚至进行产品的个性化定制方面都显示出巨大的潜力。例如，AIGC 可以分析中国传统绘画和文学作品，提取出核心的艺术元素，然后将这些元素与现代设计趋势结合，创造出既有文化内涵又符合现代审美的设计。此外，AIGC 还能够根据特定的用户偏好和市场需求，快速生成个性化的产品设计方案，如图 6-2 所示。

图 6-2　AIGC 个性化定制产品设计流程图

AIGC 的这些优势不仅提高了设计流程的效率，还促进了设计思维的多元化，为设计师提供了丰富的灵感来源。设计师可以从 AI 生成的创意中挑选和调整，以形成最终的产品设计。这种合作模式称为"人机协作"，将人的创造力和机器的计算能力相互补充，共同推动创意的成形。

本章将深入探讨 AIGC 技术在文创产品设计中的具体应用，展示这项技术如何帮助设计师突破传统的设计限制，创作出具有创新性、个性化和文化价值的产品。

二、AIGC 在文创产品设计中的价值

随着人工智能的不断进步，AIGC 技术已经成为文化创意（文创）设计领域的一股不可忽视的力量。它不仅在提升创作效率、扩展创意边界方面发挥着重要作用，更在推动个性化设计和文化传承方面展现出巨大潜力。在一个追求速度和创新的时代，AIGC 技术正成为设计师和艺术家们的宝贵助手，帮助他们以全新的方式表达创意，同时满足市场对于快速响应和个性化产品的需求。

（一）提升设计效率

AIGC 能够在短时间内生成多样化的设计方案，极大提高设计师的工作效率。设计师可以从 AI 生成的内容中获取灵感，节省从零开始构思设计的时间。设计效率对于任何创意行业都是至关重要的，尤其是在当前快节奏的商业环境中。AIGC 的介入，使得设计师能够在压缩的时间框架内产出更多、更好的设计方案，这显著提升了设计流程的效率和产出质量。

1. 加速概念创新

AIGC 技术在设计的初始阶段起着至关重要的作用，通过快速生成丰富的概念草图和设计思路，极大地加速了创意的发展。这一过程允许设计师迅速地从一个宽广的创意池中筛选出有潜力的点子，加快了从初步概念到深入发展的转换。这样不仅节约了时间，而且提高了设计初期阶段的产出质量，确保了设计师可以快速地进入下一个创作阶段。

2. 提升决策效率

在多选项的设计决策过程中，AIGC 能够快速产生和展现多种设计方案，大幅提高设计师的决策速度。这种技术支持减少了在选择最佳设计路径时的犹豫和不确定性，使得设计师能够更加自信和迅速地做出选择。AIGC 的分析和比较优化了评估流程，确保设计决策的高效和精确。

3. 快速原型迭代

产品原型的制作和迭代是设计流程中的关键环节，AIGC 在这一阶段提供了快速生成和调整原型的能力，缩短反馈循环，使得设计师和客户可以在较短的时间内看到变更实施的效果，进而加快产品开发的整体进度。采用快速原型迭代的设计方式不仅提升了效率，还确保了设计的连续性和一致性，对于满足市场需求和快速适应用户反馈至关重要。

（二）拓展创意边界

AIGC 能够通过数据驱动的方法，结合不同的文化元素创造出独一无二的设计。它可以模拟和融合多种文化符号，生成独特的文化创意产品。AIGC 在拓展创意边界方面的作用是多维的，它不仅打破了传统设计

方法的局限性，还促进了跨文化创意的融合与创新。

1. 融合跨文化设计元素

AIGC 通过深入学习各地文创作品和符号，提取关键元素并创造性地结合这些元素，打造出具有跨文化吸引力的设计方案。这种方法不仅突破了传统设计的界限，而且促进了不同文化之间的交流与理解，进而生产出兼具美学和文化价值的创意产品。

2. 激发创新设计思维

AIGC 能够分析和汲取各个领域和风格的设计作品，生成超越常规的创新设计概念。这种分析能力鼓励设计师跳出传统思维，探索新颖的创意路径，拓展其创作的视野和边界。AIGC 的这种促进作用有助于设计师发现未被挖掘的潜在创意，从而推动设计创新。

3. 加速设计创新探索

AIGC 为设计师提供了无偏见的视角，带来全新的设计思路，挑战传统方法并促进创意的突破。同时，它具备一定的市场趋势分析能力，使设计师能够迅速适应消费者的变化和市场动态，确保设计作品的相关性和前瞻性。这种对趋势的敏感反应，结合 AIGC 的快速迭代能力，支持设计师进行高效的实验性探索，快速找到创新的设计解决方案。

三、AIGC 在文创产品设计流程中的应用

在产品设计的世界里，创意的火花与文化的深度是成功的关键。随着人工智能技术的不断进步，AIGC 已经成为设计师们在这一领域中不可或缺的工具。AIGC 的加入不仅是为了提升工作效率，更是为了赋予设计以深层次的文化内涵和独特的个性化表达。

在文创设计流程的各个阶段，AIGC 技术的应用都表现出它的独特价值。从项目的初始创意阶段到草图的绘制，再到设计方案的迭代和完善，AIGC 在这一连串的创作活动中扮演着多重角色。它不仅为设计师们提供了一个广阔的创意空间，还帮助他们在这个空间中迅速导航，找到最佳的设计路径。

随着设计师们越来越多地将 AIGC 技术融入其工作流程，我们见证了一个前所未有的创意时代的到来。在这个时代，文创设计的速度和质量得到了双重提升，而设计师们的创新潜能也得到了前所未有的释放。接下来，让我们一起探索 AIGC 在文创设计流程中的应用，以及它如何帮助设计师们突破边界，创造出触动人心的作品。

（一）创意生成环节的 AIGC 应用

在文化创意（文创）设计的初步阶段，创意生成是一个至关重要的环节。它是创造性思维转化为实际设计概念的过程，而 AIGC 技术在这一阶段提供了强大的支持。

1. 历史文化的深度解析

在文化创意设计领域，AIGC 技术通过深入分析和处理丰富的历史文化资料，能够精准地解读美术作品、

文学作品、建筑风格、传统工艺以及民俗活动等多种形式的文化表达。这些资料作为文化的载体，被 AIGC 分析以识别文化特定的核心元素和美学特征。例如，AIGC 可以从宋代的山水画中提取线条和色彩运用的特点，或从元曲中解析文化情境和语言节奏。这种技术不仅为设计师提供了对历史文化的深度理解，而且能够启发他们将古老的文化元素与现代设计潮流相结合，创造出新的产品概念。

2. 创意草图的重组创造

基于对历史文化资料的深度学习和解析，AIGC 技术能够生成系列创意草图，这些草图不仅涵盖了传统元素的现代解读，也包含了对这些元素的创新性重组和应用。例如，AIGC 可以根据青花瓷的图案设计出现代服装的印花图案，或者将中国京剧脸谱元素融入现代平面设计中。这为设计师提供了一个功能强大的视觉工具箱，也可以从这些自动生成的草图中获得灵感，进一步扩展和完善这些概念，形成更加成熟和细腻的设计作品。

3. 辅助构建初步概念

AIGC 不止是在单个元素上的应用，它还能够将草图、色彩和布局综合起来，形成初步的整体设计概念。这个概念会为设计师提供一个清晰的方向，让他们可以继续发展和细化，直至成为完整的文创产品设计。AIGC 在文创设计的创意生成阶段的应用，为设计师提供了一个强大的数字助手，它不仅加快了设计流程，还增强了设计的文化深度和创新性。随着技术的进步，AIGC 将使设计师能够更加高效地探索和实现他们的创意构想，从而创造出更具文化影响力和市场竞争力的产品。

（二）设计迭代环节的 AIGC 应用

设计迭代是文化创意设计中至关重要的一个环节，它涉及不断精细化和优化设计概念直至最终产品成形。利用 AIGC 技术，设计师可以高效地生成多个设计变体，进行快速比较和选择，从而加速整个设计的迭代过程。

1. 加速文创产品的视觉迭代

在文创产品的开发中，AIGC 技术可以迅速地生成各种设计概念的可视化展现，包括多样的图案、形状和图形布局。这使得设计师能够在较短的时间内探索更广泛的视觉选择，针对特定的文化主题和故事进行细致的迭代。以中国剪纸艺术为例，AIGC 可以帮助设计师快速生成多种剪纸图案的数字原型，从而在保留传统艺术精髓的同时探索现代设计语言。

2. 优化文化元素的创新应用

例如，开发一款以中国茶文化为灵感的茶具系列，AIGC 可以帮助设计师在多个迭代中将茶文化的传统符号、图案和色彩以新颖的方式融入产品设计中。设计师可以通过 AIGC 生成的设计变体，测试这些文化元素在不同茶具形态和材质中的效果，以确保新产品既能体现中国茶文化的精髓，又能满足现代审美和市场需求。

3. 反馈驱动的设计改良

通过 AIGC 技术，设计师可以将初步设计方案迅速展示给目标用户，收集他们的反馈，并将其融入后续的设计改良中。这种快速的反馈循环确保了文创产品在视觉吸引力、文化共鸣和市场适应性方面的有效性。例如，在设计一款以中国春节为主题的文创产品时，AIGC 可以帮助设计师快速生成不同的设计选项，并基于用户反馈进行迭代，以确保最终产品能够真正触动用户的文化情感。

4. 模拟传统工艺

AIGC 可以模拟传统的艺术和手工艺的效果，如织物纹理或雕刻细节，以数字方式创建新的设计变体。这些模拟可以帮助设计师理解如何将传统工艺与现代设计理念结合在一起，以创造出既新颖又尊重传承的文创产品。

AIGC 在文创设计迭代过程中的应用，不仅提高了效率，而且加深了设计的文化内涵，确保了最终产品能够以一种有意义和吸引人的方式传达其文化价值。随着技术的不断进步，AIGC 将继续为文创设计师提供更多工具和机会，不断推进他们的工作，创造出深具影响力的文化产品。

第二节　AIGC 在文创产品设计中的案例分析

一、坛城文创设计

坛城作为古代建筑的重要组成部分，蕴含了丰富的历史和宗教意义。利用 AIGC 技术，设计师可以创建一系列以坛城为灵感的文创产品。例如，AIGC 可以生成坛城结构和装饰细节的 3D 模型，并将其应用于小型桌面装饰。通过这种方式，AIGC 帮助设计师将坛城的复杂几何图案和象征意义转化为适合现代生活空间的产品，让消费者在日常生活中接触和欣赏到传统艺术的美。

（一）坛城文创设计过程

1. 研究与分析

AIGC 系统首先对坛城的历史背景、结构特征和象征进行深入研究（图 6-3）。

图 6-3　坛城历史背景和结构特征分析

2. 草图与概念

基于研究，AIGC 生成坛城元素的草图和 3D 模型概念，为设计提供初步视觉方向（图 6-4）。

图 6-4　坛城元素草图和 3D 模型概念

（提示词：曼陀罗文化创意设计、三维渲染评估、结构分析、演示指导使用）

3. 迭代与改进

设计师与 AIGC 协作，不断迭代这些模型，细化设计细节，直至最终确立设计方案（图 6-5）。

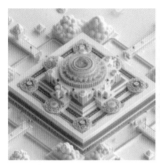

图 6-5　坛城文创产品设计迭代优化

（提示词：等距时轮曼陀罗、粉彩色调、三维 Blender 渲染、多边形风格、模块构造主义、
机械赛博朋克、连续对称、分形艺术风格、等距中心构图、概念艺术创作）

4. 应用开发

将最终的设计应用于实际产品，如可爱风格的桌面摆件、坛城图案的文具等（图 6-6）。

图 6-6　坛城文创产品应用场景

（提示词：小巧可爱的等距时轮曼陀罗、柔和平滑光照、粉彩色调、桌面装饰、文具图案）

（二）坛城文创产品实例

1. 坛城灵感的桌面装饰

AIGC 帮助设计师创建一系列桌面装饰品，它们不仅作为艺术品点缀空间，也作为坛城美学的传播者（图 6-7）。

图 6-7　坛城灵感的桌面装饰

（提示词：曼陀罗主题台灯、独特模块化设计、曼陀罗寺庙建筑元素启发、贝塞尔曲线、环境光效、分形艺术图案、金属玻璃亚克力材质结合）

2. 坛城图案的文具

以坛城图案为灵感的文具，为现代办公学习带来艺术美感（图 6-8）。

图 6-8　坛城图案的文具

（提示词：曼陀罗主题文具，展示复杂的几何图案和象征性装饰，色彩方案融合粉彩色调与金属点缀。采用高品质可持续材料制作）

二、太阳神鸟面具系列文创产品开发

太阳神鸟作为中国古代文化中的神秘象征，常与生命力和繁荣相关联。借助 AIGC 技术，设计师可以创作一系列以太阳神鸟为灵感的文创产品。例如，AIGC 能够生成具有太阳神鸟特征的面具和装饰细节的 3D 模型，这些模型可以被应用在多种文创产品上。利用这种方法，AIGC 协助设计师把太阳神鸟的图案和精神内涵转化为适合现代生活的元素，让消费者在平常的生活中感受到这一古老文化符号的魅力。

（一）太阳神鸟面具系列文创设计过程

1. 研究与分析

AIGC 系统会对太阳神鸟的历史含义、图案特征和文化象征进行细致的研究（图 6-9）。

图 6-9　太阳神鸟的历史含义、图案特征和文化象征研究

2. 草图与概念

在深入研究的基础上，AIGC 生成太阳神鸟的草图和初始的 3D 设计模型，为产品的视觉发展提供方向（图 6-10）。

图 6-10　太阳神鸟元素草图和 3D 概念模型

（提示词：太阳神鸟面具草图、细化设计元素、太阳光线象征图案、鸟羽天体纹理、精细线条笔触、
彩色铅笔渲染、注释与色样指导、产品开发流程、白底突出复杂美感）

3. 迭代与改进

设计师与 AIGC 紧密合作，通过迭代这些设计，精细化细节，直到最终确定产品方案（图 6-11）。

4. 应用开发

最终确定的设计方案被应用于实际的产品生产中，例如创意面具、太阳神鸟图案的文化衍生品等（图 6-12）。

图 6-11 太阳神鸟文创产品设计迭代优化

（提示词：真实感 3D 太阳神鸟面具设计模型、精致细节与生动质感、神性美与力量捕捉、真实感光照与材质、
神圣光芒与存在感增强、ZBrush、Maya 或 Blender、高分辨率纹理与先进着色器）

图 6-12 太阳神鸟文创产品应用开发

（提示词：太阳神鸟系列包装设计、现代极简主义诠释古老象征、风格化几何表现、清晰线条、
简约形状、负空间聚焦、黑白金色调、适应性强、食品饮料化妆品通用、精致感、品质感）

（二）太阳神鸟面具系列文创产品实例

1. 太阳神鸟面具

利用 AIGC 生成的模型，设计师能够创作出一系列具有传统意义且符合现代审美的面具，这些面具可以用于节日庆典或作为家居装饰（图 6-13）。

图 6-13 太阳神鸟面具

2. 太阳神鸟装饰文具

以太阳神鸟的图案为灵感，AIGC 协助设计师开发出一系列文具产品，如笔记本、书签和桌面收纳盒，这些文具不仅实用，且赋予使用者深厚的文化体验（图 6-14）。

图 6-14　太阳神鸟装饰文具

三、民间传说主题公仔系列文创产品开发

结合中国民间传说的浪漫故事，牛郎织女作为一对象征忠贞爱情的神话人物，可以成为盲盒公仔系列的灵感来源。这个系列将传统故事与现代玩具潮流相结合，创造出独特且具有文化意义的收藏品。

民间传说主题公仔系列文创设计过程如下。

1. 研究与分析

AIGC 系统将对"牛郎织女"的故事进行深度分析，提取关键的视觉元素，如牛郎的牛仔形象、织女的仙女外观，以及他们之间的爱情象征——牵牛星和织女星（图 6-15）。

图 6-15　"牛郎织女"故事历史背景和视觉元素特征分析

2. 草图与概念

基于对故事的深入理解，AIGC 将为设计师提供一系列牛郎织女主题的盲盒公仔草图和 3D 概念模型，同时融入现代审美和流行元素，比如时尚配饰和当代艺术风格（图 6-16）。

图 6-16　牛郎织女主题盲盒公仔草图和 3D 模型

（提示词：3D 插画、手绘风格、流行 POPS 趋势、Q 版牧童、可爱、杰作、超细节、动态构图生动、
真实光影、光线追踪、漫反射、透明材质、C4D、OC 渲染、Octane 渲染、Unreal Engine）

3. 迭代与改进

设计师将与 AIGC 合作，不断优化草图和模型，调整公仔的姿态、服装、颜色和配件，确保每个细节都能精确地表达牛郎织女故事的精髓，并吸引目标市场（图 6-17）。

图 6-17　公仔设计优化

（提示词：精致牧童织女雕像、3D 渲染、超细节、8K 分辨率、摄影棚灯光；传统服饰的现代诠释：牧童雕像身着现代风格的汉服外套、
外套贴身且设计精致，绣有描绘星座和天体元素的复杂图案，搭配修身裤和受传统中国鞋履启发的时尚现代鞋履）

4. 应用开发

最终设计将转化为实际的盲盒公仔产品，可以包括限量版的牛郎织女公仔、星空系列装饰，以及相关的故事卡片，让收藏者了解每个公仔背后的故事（图 6-18）。

图 6-18　牛郎织女主题文创产品开发

（提示词：可爱公牛角色、卡通风格、3D 渲染、鲜艳色彩、友好外形。公牛应拥有结实且比例匀称的身体、宽阔的胸膛、
强健的腿部以及短而蓬松的尾巴；头部应大而富有表现力，配有宽阔呆萌的眼睛、宽大的鼻口和小巧弯曲的角）

第三节　AIGC 在文创设计中的挑战与前景

在探索人工智能与文化创意设计的交汇点时，我们不可避免地面临着一系列挑战与机遇。AIGC 技术作为这一交汇点的核心，正在以前所未有的方式推动设计界的边界。它不仅在设计实践中打开了新的可能性，也引发了关于创意、文化责任与技术伦理的深刻讨论。

随着 AIGC 技术的快速发展，它所带来的效率和个性化能力为文创设计带来了显著的转变。然而，这项技术同样伴随着对文化敏感性、创意所有权、设计师角色以及数据隐私等方面的担忧。在这种背景下，我们必须审慎地权衡 AIGC 的利与弊，确保它在增强创意表达和文化传承方面的潜力得到充分发挥，同时要避免潜在的负面影响。

本节将深入探讨 AIGC 在文创设计领域的挑战与前景，从文化的角度出发，探索如何利用这项革命性技术丰富我们的文化表达，同时维护和尊重创意工作的核心价值。

一、文化理解的深度

深度文化理解是 AIGC 在文化创意设计中取得成功的关键。AIGC 系统必须具备洞察文化内涵、理解文化脉络以及把握文化精髓的能力，只有这样才能生成出富有文化深度和广度的作品。

（一）深度文化理解面临的挑战

1. 文化知识的广度与深度

每个文化都有其独特的历史渊源、价值观念、审美情趣和行为方式，AIGC 需要广泛学习不同文化的方方面面，才能真正理解其内涵。此外，AIGC 还需要深入挖掘每个文化的核心要素和精神内核，把握文化的深层次内涵。

2. 文化语境的复杂性

文化元素的含义往往依赖于特定的语境，AIGC 需要精准把握文化符号在不同语境下的意义，避免断章取义、曲解文化。同时，AIGC 还需要理解文化元素在跨文化交流中的动态变化，准确把握文化交融和碰撞中产生的新意。

（二）提升 AIGC 文化理解能力的策略

1. 构建文化知识图谱

系统梳理不同文化的关键元素、脉络结构和内在逻辑，形成完备的文化知识图谱，夯实 AIGC 文化学习的基础。同时，利用知识图谱技术，挖掘文化要素之间的深层次关联，加深 AIGC 对文化的理解。

2. 融合多模态文化数据

收集并标注文本、图像、音频、视频等多种形式的文化数据，提供丰富的学习素材，帮助 AIGC 全面理解文化内涵。此外，还需要开发智能算法，自动提取和融合多模态数据中蕴含的文化信息，实现对文化的深度理解。

（三）AIGC 文化理解进步的意义

1. 创作体现文化精髓、引发情感共鸣的作品

AIGC 可以更准确、更细腻地理解和应用文化元素，创作出体现文化精髓、引发情感共鸣的作品。这将极大地提升文化创意设计的质量和原创性，为传播和弘扬优秀文化提供新的途径。

2. 打造兼具本土特色与国际视野、传统底蕴与现代气质的创意设计

AIGC 可以将不同文化的元素巧妙融合，打造出兼具本土特色与国际视野、传统底蕴与现代气质的创意设计。这将有助于推动文化创意产业的发展，提升文化产品和服务的国际竞争力，促进中华文化的创新性传承和世界性传播。

二、创意原创性保护

随着 AIGC 技术在文化创意设计领域的广泛应用，保护设计师的原创性已成为一个至关重要的议题。AIGC 系统在提高内容生成效率的同时，也可能对创意原创性构成威胁。如何确保 AI 生成的内容尊重并保护人类创作者的知识产权，是我们必须慎重应对的挑战。这需要从法律、技术、伦理等多个维度入手，构建全方位的原创性保护机制，以促进创意行业可持续健康发展。

（一）AIGC 对创意原创性保护的挑战

1. 创意归属的模糊化

AI 生成内容与人类创作内容的边界日渐模糊，如何明确界定二者的归属和权益是一大难题。AIGC 系统可能融合了多个来源的素材和灵感，导致创意归属变得复杂和模糊，给原创性保护带来挑战。

2. 版权监管的滞后性

现有的法律和监管框架可能难以完全适应 AIGC 技术的快速发展，亟须与时俱进的制度创新。传统的版权保护机制可能难以有效应对 AI 生成内容的特殊性，需要探索新的监管方式和技术手段。

（二）应对挑战的多维度策略

1. 明确 AIGC 系统中的创意归属

建立严格的内容归属标准和规范，对人类创作者的贡献给予恰当的认可和保护，并通过技术手段提升归属判定的准确性和可追溯性。同时，完善 AIGC 生成内容的原创性判定机制，综合运用数据分析、模式识别等技术，甄别内容的原创程度，打击抄袭、洗稿等侵权行为。

2. 加快推进法律法规和行业规范的升级

明确 AI 生成内容的版权归属、使用许可等问题，为原创性保护提供有力的制度保障。同时，加强 AIGC 伦理治理，引导从业者树立尊重原创、鼓励创新的价值导向，在人机协作的过程中坚守道德底线，共同维护行业生态的健康有序。

（三）在保护原创性的同时为 AIGC 创新留空间

1. 鼓励 AIGC 系统学习借鉴优秀作品的精华

在坚持原创性保护的同时，也要为 AIGC 创新营造开放、宽松的环境。鼓励 AIGC 系统在尊重版权的前提下，学习借鉴优秀作品的精华，在此基础上进行再创造，生产出更多富有新意和价值的作品。

2. 在制度设计、技术应用、伦理引导等方面找准平衡点

创新与保护并非对立，而是相辅相成。我们要在制度设计、技术应用、伦理引导等方面找准平衡点，在创新与保护之间架起沟通的桥梁，推动 AIGC 在尊重原创的基础上实现健康、可持续发展。

（四）构建原创性保护体系，推动 AIGC 健康发展

1. 多方携手，共同构建行之有效的原创性保护体系

这需要政策制定者、技术开发者、内容创作者、行业组织等多方携手，用制度和技术为创意保驾护航。通过明确责任边界、完善监管机制、创新保护技术等举措，共同织就一张原创性保护的"安全网"。

2. 推动全行业树立尊重原创的意识

要推动全行业树立尊重原创的意识，让"独创、新颖、引领"成为 AIGC 创作的价值追求。唯有创新与原创并重，尊重与规范并行，AIGC 才能真正成为文化创意产业高质量发展的助推器。在坚实保护原创性的基础上，以智能之笔书写文化创意的崭新篇章。

三、人工智能的伦理问题

随着 AIGC 技术在文化创意设计领域的深入应用，一系列伦理问题逐渐浮出水面。作为设计师，我们在享受 AIGC 带来的创作便利的同时，也必须审慎对待其中潜在的伦理风险，尤其是在文化挪用和用户隐私等方面。唯有以高度的使命感和责任心来看待和应用 AIGC 技术，自觉将伦理考量融入设计的全流程，我们才能确保 AIGC 成为造福人类、传承文明的积极力量。

（一）警惕和避免文化挪用

1. 深入了解和体认文化元素的内涵

设计师对所使用的每一个文化元素都要有深入的了解和体认，真正理解其所蕴含的历史渊源、价值内涵和情感寄托。这有助于避免对原文化的误读、曲解甚至贬抑，确保以恰当、得体、尊重的方式使用文化素材。

2. 与文化研究领域开展跨学科合作

主动与文化研究领域的专家学者开展跨学科合作，在文化理解的深度和广度上砥砺前行。以开放、谦逊、尊重的心态去倾听和吸纳不同文化视角的声音；让 AIGC 生成的文化符号和创意表达饱含人文关怀，成为连接不同文化、促进多元交流的桥梁。

（二）坚守用户隐私保护底线

1. 严格遵守数据安全和隐私保护的法律法规

在数据驱动的设计过程中，必须坚守数据伦理的底线，严格遵守数据安全和隐私保护的法律法规，并将其落实到设计工作的每一个环节。践行数据最小化原则，仅采集必要的用户信息，并对敏感数据进行脱敏处理。

2. 加强数据全生命周期管理，保障用户的知情权和控制权

加强数据全生命周期管理，从源头到应用再到销毁的每个阶段都应严密防控数据泄露和滥用风险。同时，要保障用户的知情权和控制权，让每一位参与者都能够清晰地了解自己数据的采集、存储、使用情况，并拥有改正和撤回的权利。

（三）保持对意料之外伦理挑战的敏感和警觉

1. 保持敏锐的洞察力和前瞻性思考

随时关注 AI 技术发展和产业应用所引发的伦理问题，积极参与到相关的讨论和治理中来。与业界同仁、学术机构、公共部门等加强跨界合作，携手构建兼顾创新活力与伦理规范的行业生态。

2. 积极宣导和践行"负责任的 AIGC"

将伦理内化为每一家企业、每一个从业者的价值追求和行为准则，共同推动 AIGC 行业朝着健康、有序、可持续的方向发展。通过负责任的伦理实践，确保 AIGC 技术始终服务于人类福祉，成为传承和弘扬人类文明的积极力量。

第四节　实训课堂

本节将通过完整的实训项目，深入指导学生掌握利用 AIGC 技术进行文创产品设计的基本流程和方法。学生将以小组为单位，选择一个具有代表性的文化 IP，充分运用本章所学的 AIGC 理论知识和实践技能，完成从文化调研、创意发散到产品设计、场景应用的全过程。通过这一实践环节，学生将全面理解 AIGC 技术在文创产品设计中的应用价值，并提升创新思维和动手实践能力。

一、实训目标

通过本次实训，学生将能够运用文化调研方法，深入挖掘文化 IP 的内涵，提炼关键视觉元素；运用

AIGC 工具进行创意发散、概念草图绘制、设计优化等，掌握文创产品设计的迭代优化方法，不断改进设计方案；通过情景模拟，设计产品应用场景，增强设计的代入感和使用体验；通过小组协作和课堂展示，提升团队合作和表达能力。

二、实训流程

（一）项目分组

为促进学生的交流与合作，教师指导学生按照兴趣爱好自由组合，每组 3~5 人。小组成员应具有不同的技能特长，以确保团队的多样性和互补性。

（二）选题调研

小组成员通过文献研究、实地考察、专家访谈等方式，对所选文化 IP 进行深入调研，全面了解其历史背景、文化内涵、视觉特征等，为后续的设计工作打下坚实的基础。调研过程中，小组成员应详细记录调研结果，并整理形成文化 IP 分析报告。

（三）方案构思

在充分调研的基础上，小组成员集思广益，运用 AIGC 工具进行创意发散和概念设计。例如，通过智能绘画工具自动生成多种创意草图，通过智能布局工具快速尝试不同的设计排版，以探索更多的设计可能性（图6-19）。

图 6-19　学生进行方案构思

（四）方案优化

在教师的指导下，小组成员对设计方案进行不断迭代和优化。通过收集教师和其他小组的反馈意见，以及运用 AIGC 工具进行设计微调和改进，小组成员不断完善设计方案，直至达到理想的设计效果（图 6-20）。

（五）成果展示

在实训的环节，各小组需要通过课堂展示的形式，向教师和其他小组汇报设计成果。汇报内容包括文化调研过程与结果、创意发散与概念设计过程、最终产品设计效果图和应用场景等。

图 6-20　学生进行方案优化（现场拍摄）

（六）评价反馈

在每个小组展示完成后，教师和其他小组对其设计成果进行点评，提出改进意见和建议。教师重点评价小组的文化理解深度、创意发散广度、设计优化效果和团队协作情况，并给出具体的改进指导。同时，教师要引导小组成员进行自我评价和反思。

三、实训成果

通过本次实训，学生将提交以下成果。

（一）文化 IP 分析报告

学生需要提交一份详细的文化 IP 分析报告，内容包括文化 IP 的历史渊源、文化内涵、视觉特征、设计元素提取等。

（二）创意草图和概念设计方案

学生需要提交利用 AIGC 工具生成的多组创意草图和概念设计方案，并对每组方案的设计理念、视觉风格、创新点等进行文字说明（图 6-21~ 图 6-24）。

图 6-21　玉兰花主题文创产品开发（23 新视界 5 班　张诗婷）

图 6-22   玉兰花主题文创产品开发（22 新视界 1 班   郭骜旸）

图 6-23   水韵江南主题文创产品开发（23 新视界 5 班   王慧）

图 6-24   水韵江南主题文创产品开发（22 新视界 1 班   郭骜旸）

（三）产品设计图例和效果图

学生需要提交最终确定的产品设计图例和效果图，包括产品的外观设计、材质选择、色彩搭配、结构设计等，并用文字说明设计特点和亮点。

（四）产品应用场景渲染图

学生需要提交至少 3 张产品应用场景渲染图，展示产品在实际使用环境中的效果，并用文字说明场景设计的意图和特点（图 6-25~ 图 6-27）。

图 6-25　唐韵少女主题文创产品开发（22 新视界 1 班　郭骜旸）

（五）设计说明书

学生需要提交一份完整的设计说明书，系统地展示整个设计过程和设计成果，内容包括但不限于设计背景、设计理念、设计过程、设计方法、设计成果、设计特点、设计反思等。

图 6-26　文艺复兴主题文创产品开发（22 新视界 1 班　王泓竣）

图 6-27　文艺复兴主题文创产品开发（23 新视界 4 班　周圣鑫）

四、评价方式

实训采用多元化的评价方式，包括小组互评、教师评价和自我评价，以全面、客观地评估学生的实训表现和学习效果。

（一）小组互评（30%）

根据设计创意、文化内涵、视觉呈现等维度进行相互评分，每个维度满分 10 分，各小组互评得分占总评价的 30%（表 6-1）。这一评价方式可以促进小组间的交流与学习，帮助学生找出自身设计的优势和不足。

表 6-1　小组互评

评价维度	权重	评 价 要 点	评分
设计创意	10%	设计概念的独特性、新颖性和吸引力	
文化内涵	10%	设计作品对文化 IP 内涵的体现和传达	
视觉呈现	10%	设计作品的视觉美感、制作质量和呈现效果	
总分	30%		

（二）教师评价（50%）

根据每个小组的设计成果进行综合评价，重点评估内容见表 6-2。

表 6-2　教师评价

评价维度	权重	评 价 要 点	评分
文化理解深度	10%	对文化 IP 的历史渊源、内涵和视觉特征的理解深度和准确性	
创意发散广度	10%	利用 AIGC 工具进行创意发散和概念设计的广度和创新性	
设计优化效果	10%	根据反馈意见对设计方案进行优化和改进的程度和有效性	
设计表现力	10%	产品设计图例、效果图和应用场景渲染图的视觉表现力和说服力	
设计说明书	10%	设计说明书的结构完整性、内容逻辑性和语言专业性	
总分	50%		

教师评价占总评价的 50%，教师还要对每个小组的设计成果提出具体的改进意见和指导。

（三）自我评价（20%）

小组成员根据自己在实训中的表现和贡献进行自我评价，并填写自我评价表 6-3。

表 6-3　自我评价表

评 价 维 度	权重	评 价 要 点	评分
在小组中的角色和贡献	5%	在小组中承担的角色和做出的贡献	
对设计过程和设计方法的掌握程度	5%	对文创产品设计过程和方法的理解和运用水平	
对 AIGC 工具的应用能力	5%	运用 AIGC 工具辅助设计创作的能力	
在团队协作和沟通表达方面的收获和反思	5%	在团队协作和沟通表达方面的表现、收获和反思	
总分	20%		

自我评价占总评价的 20%，旨在帮助学生总结实训收获，反思自己的优势和不足，为未来的学习和实践提供方向。

 讨论题

1. 请以"坛城文创设计"或"太阳神鸟面具系列文创产品开发"为例，详细描述 AIGC 技术在具体文创项目中的应用过程，并分析其优势和局限性。

2. AIGC 生成的内容在创意和文化内涵方面往往难以达到人类创作的深度和广度。你认为如何通过技术创新和人机协作来提升 AIGC 的文化理解能力和创造力？请给出具体的建议和设想。

DESIGN

第七章
文创产品营销策划

学习导语

通过精心策划的营销活动，将文创产品的文化价值和创意理念有效地传达给目标消费者，从而实现产品的市场成功。

学习如何结合文创产品的独特性，运用多种营销工具和渠道，打造引人入胜的品牌故事，吸引并留住消费者的注意力。

学习目标

1. 了解目标市场的特征，包括消费者需求、行业趋势和竞争对手分析。

2. 学习如何根据文创产品的特性和目标市场，制定清晰的品牌定位和价值主张。

3. 探讨创新的营销策略和活动，包括社交媒体营销、内容营销、事件营销等。

第一节　文创产品的整合营销

一、文创产品整合营销的基本概念

整合营销理论诞生于 20 世纪 90 年代，由美国营销管理学家舒尔茨提出，其是对各种营销工具和手段的杂糅并用、系统融合，旨在信息交互中完整透彻地实施传播计划并实现价值增值的一类营销理念与模式。所谓整合，就是把广告、直销、促销、推销、品牌包装、事件赞助和客户维持等各个原本独立的单项营销工作有机捏合成一个整体，通过战略性审视综合，拿出最具协同效应的整合营销策略，从而达成目标的过程。

文创的根基是文化。文创产品是融入了文化和创意的产品，是文化沟通的桥梁，这是地方文创产品差异化和文化性的根源。文创产品面临市场竞争激烈、受众需求多样化等挑战，需要通过整合营销来提升品牌知名度、拓展市场份额。当涉及文创产品整合营销时，可以将其定义为一种营销策略，旨在通过综合利用多种渠道、手段和资源，以传播文创产品的核心价值和独特魅力，建立品牌形象，扩大市场影响力，吸引目标受众，并最终实现销售增长和品牌价值提升的过程。整合营销涵盖了品牌定位、跨渠道传播、一致的品牌形象、故事性营销、与艺术家或设计师合作、用户参与和互动、数字化营销以及数据分析和优化等方面，通过有效地结合这些策略和方法，可以实现文创产品在市场中的成功推广和营销目标的达成。

二、文创产品整合营销方法

（一）温情的营销理念

"营销的最高境界是人文关怀"。所谓人文主义，就是以人为本的世界观，集中体现为对人本身的关注、尊重和重视，它着眼于生命关怀，着眼于人性，注重人的存在、人的价值、人的意义，尤其是人的心灵、精神和情感。满足消费者物质和精神需求是文化营销理念的主要着眼点，物质需求主要依赖于文化产品的具体物质形态，而精神需求主要通过文化产品内在的文化蕴涵来提供，是虚拟的，需要消费者自行感悟和领会。因此，文创产业在进行整合营销时，更应注重树立和传播温情营销理念，传递人文关怀。故宫博物院院长单霁翔也曾总结过发展故宫文创产业过程中的经验和体会，提出要以社会公众的需求为导向，以服务大众为宗旨，这正是对人文关怀的真切体现。从故宫文创产业目前的大部分文创产品中，也可看出其始终坚持在产品中体现以人为本，营造一种亲和感，散发出"春风拂面"与"雨润万物"的温暖。

（二）多样的营销方式

1. 借势营销

所谓的借势营销，就是利用网络、社会上的热点话题、事件、人物，抓住产品和服务与之相似的、受众可能感兴趣的点，建立两者的联系，从而利用受众对其他事件或人物的关注，促进自身产品和服务的营销。它是目前互联网营销时代热门的营销方式之一。文创产业通过借势营销，一方面，能让受众在网上搜索相关话题时更容易看到文创产品信息，不仅增加了文创的曝光量，而且降低了自己营销传播的成本；另一方面，通过潜移默化的方式，不会造成受众对品牌的厌恶。

　　故宫文创产业在整合营销传播中运用了大量的借势营销。如 2015 年，随着全民填色的风靡，故宫文创产业借势韩国《秘密花园》填色图书在线上、线下的热销，为顺应当前消费者的口味，顺势推出《点染紫禁城》的故宫版本的填色图书，如图 7-1 所示。图书内容设计包括了古代服饰、故宫建筑等，上架后瞬间被抢购一空。同年，故宫文创产业又借势电影《超能陆战队》，以大众所喜爱的大白的形象推出了皇帝妃嫔系列壁纸。

　　2016 年 7 月，充满了中国神秘感和浪漫色彩的电影《大鱼海棠》上映，获得了非常热烈的观众反响，也引起了一股"中国风"热，趁着电影热度，故宫文创产业联手内联升布鞋旗舰店推出了一款"大鱼海棠"系列主题布鞋，如图 7-2 所示。

图 7-1　故宫博物院《点染紫禁城》

（图片来源：https://m.weibo.cn/status/4907765859093798）

图 7-2　"大鱼海棠"系列主题布鞋

（图片来源：https://www.jianshu.com/p/b3a7f0693657）

2. 互动营销

　　互动营销，从字面意思上可以简单地理解为通过互动的方式进行的网络营销，主要指营销方和消费者之间就某一特定的联结点而进行的类似于对话应答的营销方式。为了增加产品用户黏性，打造亲近用户的品牌形象，在整合营销传播时，故宫文创产业在利用新媒体进行营销传播时特别注重互动营销，通过互动，及时了解用户对产品的使用感受，增加用户对故宫文化品牌的亲近度。同时，通过互动，也可以收获不少的设计灵感。故宫文创产业利用官方微博和微信公众号与受众互动，总的来说由于微博及时、碎片化、转发评论方便等特点，微博的互动频率一般高于微信。以官方微博"@故宫淘宝"为例，此官方微博不仅常常转发用户使用产品后的晒图和评价微博，而且常常活泼幽默地与粉丝进行线上交流。故宫"冷宫"冰箱贴就是在互动中产生的文创产品。曾有网友在与微博"@故宫淘宝"互动时提出了这一创意，随后故宫文创就采用了网友建议制作了一款同样的冰箱贴，引发大量网友转发和评论。

　　利用线下教育中心与受众进行线下互动。故宫教育中心平台对外开放，是故宫的教育平台和互动窗口。为了充分发挥教育作用，它针对不同年龄阶段的受众群体开办了不同的培训班。如教孩子们 DIY 朝珠、仿照与瓜果相关的藏品制作葫芦挂瓶、制作传统手工窗棂台灯（图 7-3）、制作"八旗娃娃"布艺人偶等。

　　这种互动营销的形式打破了大部分中国人对于中国传统文化枯燥无趣的刻板印象，借用互动吸引了大批粉丝，特别是受到小朋友的青睐，传递了中国传统文化的精粹，重塑了中国传统文化的形象。

图 7-3　木质手工窗棂台灯（设计者：马黎）

3. 品牌营销

营销大师菲利普·科特勒在其著作《营销管理》中认为："品牌是一个名称、名词、符号或设计，或者是它们的组合，其目的是识别某个销售者或某群销售者的产品或劳务，并使之与竞争对手的产品和劳务区别开来。"该定义明确地指出了品牌的一个特点，即专有性。良好的品牌是企业产品和服务质量的保证，也是企业独有的无形资产，可以使企业在激烈的竞争中立于不败之地。区别于传统营销创造产品和价值来满足功能性需求，品牌营销更注重创造品牌价值来满足识别需求和情感需求。

（三）丰富的传播手段

1. 合作网络巨头拓宽传播平台

在互联网时代，众多的产业纷纷搭上互联网这趟"快车"，不断涌现出了诸如"互联网＋金融""互联网＋快递""互联网＋餐饮"等新的产业发展模式。文创产业想要在发展之路上大步迈进，不仅需要依靠文化创意来吸引受众，更关键的是通过与国内知名网络巨头合作，拓宽网络传播平台。

专业电子商务公司拥有强大的网络技术和成熟稳定的消费者市场，这两个要素是发展中的文创产业在网络营销方面较为缺乏但又不可或缺的。文创企业与这些电子商务公司合作，可以依靠其巨大的、广为人知且市场前景广阔的网络销售平台和强大的电子商务技术，共建企业文创销售平台，从而减轻企业自行搭建网络销售平台的压力，使其网络销售能够迅速步入正轨。

2. 全媒体传播矩阵树立品牌形象

在整合营销传播时，文创企业需要建立庞大的、全面的全媒体传播矩阵，汇集微博、微信等新媒体以及杂志、报纸、书刊等传统媒体，由于媒体传播渠道具有较大的差异性，因此企业需要将各媒体渠道进行密切结合，对外明确地传递出企业的产品定位、产品主题、产品信息，传达清晰、一致、多元的企业文化品牌形象。

在微博营销方面，故宫博物院现有两个官方微博"@故宫博物院"和"@故宫淘宝"，同时且不定期地推送相关微博信息。在风格上，"@故宫博物院"主页风格更加正统和稳重，"@故宫淘宝"主页风格更加风趣幽默。在内容上，"@故宫博物院"偏向于传统历史文化、故宫藏品及相关历史背景的介绍，内容较为严肃，"@故宫淘宝"内容主要是有关文创产品的广告软文、转发的用户产品使用体验以及与粉丝的互动。

在微信营销方面，故宫博物院现有两个微信公众号"故宫博物院"和"故宫淘宝"。"故宫淘宝"的发文频率远远多于"故宫博物院"，因此阅读量和点赞量也远远比"故宫博物院"多。在内容方面，"故宫淘宝"一般是关于文创产品的广告软文，篇幅较长，语言风格迎合年轻人，搞笑风趣。

在 App 营销方面，故宫博物院研发多款手机 App，通过多种方式展示故宫文化中难以通过实体展示的内容，使受众能够方便地通过手机获取故宫相关信息和资讯。其中有给小朋友玩的《皇帝的一天》，如图 7-4 所示，利用可爱的小狮子卡通形象普及皇帝一天的衣食起居和工作娱乐；有以 3D 形式呈现古画的《韩熙载夜宴图》；也有线上展厅，可以通过手指在屏幕上滑动，近距离探访古代宫廷，体验传统文化。

总的来说，故宫文创产业虽然选取了不同的媒体平台进行整合营销传播，但是每种媒体在传播内容上都各有侧重点，传播风格也不尽相同，各有特色。在进行整合营销传播时，故宫文创产业充分把握每种媒体的传播特点，在不同的媒体使用不同的语言方式，利用不同的媒体特点传达不同的信息内容，以此传播故宫品牌形象，使故宫品牌形象更加立体生动。

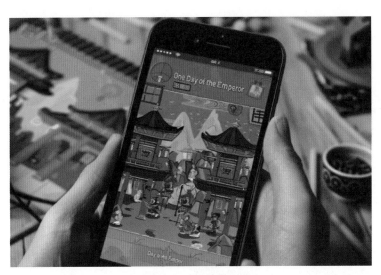

图 7-4　App《皇帝的一天》

第二节　文创产品的新媒体营销

一、官方网站营销

联合国教科文组织曾给新媒体下的定义为："以信息技术为基石，以互联网为载体开展宣传的媒体。"新媒体相较于传统媒体而言，对于互联网技术发展更为敏感，因为新媒体对信息技术具有很大的依赖性。随着技术的持续进步，其传播方式和内容形态也不断更新与迭代。本文讨论的新媒体主要指基于互联网的新兴平台和应用形式，包括网站、社交媒体、影音媒体以及电商媒体等。相较于报纸、杂志、电视这样的传统媒体而言，新媒体的传播载体已经变成个人计算机、手机等个人媒介，因此自媒体在近几年热度大增。

新媒体营销是指在互联网时代下，企业运用现代信息技术以及电子技术对互联网内的相关信息进行收集整理，并通过营销平台对企业的产品信息及价值形象进行传播，以达到提高企业经济效益的目的。

新型媒介整合营销指企业利用平台所开展的新形式的传播方法，以微博、微信、影音、电商等新型的媒介平台作为主要的传播途径，把公司相关商品的功效、价格等信息整合起来，形成有重点的营销内容来宣传，借此实现企业品牌推广、公共关系、产品推广等系列推广活动。

在某种意义上，新媒体时代和现代网络平台时代的建设与发展就像是平行世界，这样急剧的变化也让按照地域划分的营销策略逐渐被弱化。通过良好的用户体验、品牌口碑等元素来吸引消费者关注的方式日益强大。特定目标市场提供个性化的优质服务，这才是新媒体市场营销策略的中心，也是大数据时代形成的新媒体营销模式。

新媒体营销作为企业营销战略的一部分，是新时代企业全新的营销方式。传统的市场营销模式大多数通过报刊、电视电影、广播、杂志等传统媒介宣传广告，包括发展衍生出的饥饿营销和病毒营销，也是从企业角度出发的，企业和消费者间的需求信息交互并不足以支撑企业完全了解消费者需求。而新媒体营销是基于数字化技术和新时代互动形式进行的营销方式。由于没有时间和空间的限制，消费者获得信息的渠道变多，因此新媒体营销更注重内容的多样性、服务的互动性和产品的独特性。通过新媒体平台，企业可以随时获取消费者的反馈信息，及时调整产品策略和营销策略。

与传统营销相比较，新媒体营销更加符合当今互联网时代用户的消费特点和消费模式。新媒体营销不仅让企业的宣传方式多元化、精准化，同时也降低了企业产品营销的宣传成本。具体的优势表现为内容丰富、双向互动、营销成本低、及时传播、用户数量多等方面。

以博物馆文创为例。官方网站营销文创产品是指博物馆网站除了介绍馆藏文物、陈列展览、学习教育等信息外，还专辟有博物馆商店类栏目，在线销售博物馆文创产品。目前，以上海博物馆、河南博物院（图7-5）、湖南省博物馆为代表，主要采用官方网站营销渠道。

图 7-5　河南博物院官网

这种营销渠道技术设计相对简单，便于博物馆工作人员操作，并且不用单独推广商店网址，省时省力，适用于电子商务发展的初始阶段，但这种模式也存在诸多弊端。首先，博物馆官网需要展现专业、严谨的态度，而网上商店需要幽默、亲切的风格。两者在风格上难以完全统一，受官方网站专业风格的局限，生硬的购买模式难以激发观众的购买欲望，购物体验感不强。其次，多家博物馆网店反映出图片信息单一，难以多角度、全方位的展示商品。信息解说词过于官方化、学术化，容易使丰富多彩的文创产品丧失生机和活力。此外，缺乏及时的客户服务，难以建立良好的互动模式，观众的购物体验难以满足。因此，这种官方网站营销模式更像是文化商品的展示窗口，难以展示文创产品的深层次魅力。官方网站的营销模式在网购发展多样化、个性化的网络时代已不能满足消费者的需求。

二、文创产品电商平台独立网店营销

独立网店是指博物馆单独建立网站，发布商品信息，为售卖博物馆文创产品而建立的营销网络。独立网店内容、模式、营销手段不受局限，自主性高，包含信息量大，并且能够展现出博物馆的专业性，利于建立博物馆网络品牌，网店功能也更加丰富。但此类网店开发费用较高，前期资金投入量大。网站人气需要自身维护，对博物馆知名度有很高的要求。网站各方面的设计细节繁多，包括支付系统安全问题、提高网站浏览量等，需要大量的专业人才进行技术支持和推广维护。对于缺乏专业人员、经验、资金投入的博物馆来说很难做到。除极个别博物馆有实力开发独立网店以外，大部分博物馆难以承担开发所需的人力、物力和财力。目前，采取独立网店模式较为成功的是大英博物馆，如图 7-6 所示。

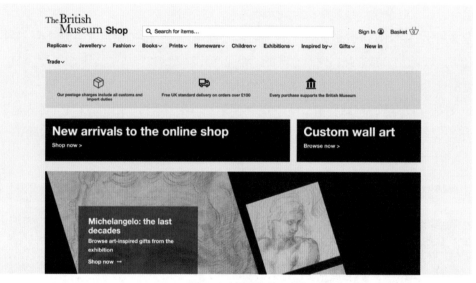

图 7-6 大英博物馆

大英博物馆的网上商店由博物馆与外部合作伙伴运营，销售商品包括书籍、艺术品复制品、家居用品、文具、珠宝饰品和儿童玩具等。网店采用独立网站模式，专门用于营销博物馆的各类文创产品。商店不仅销售具有大英博物馆特色的文创产品，还为博物馆爱好者提供详细的产品背景信息。大英博物馆文创产品的开发充分利用了馆藏资源，例如罗塞塔石碑、埃及木乃伊和希腊雕塑等藏品，被制作成多种文创产品。文创产品不断推陈出新，促销手段多样，除免邮费、打折赠品、会员积分等常用促销手段外，还设有特惠专栏，展示多种打折商品。除营销文创产品外，网站还承担教育和文化传播的功能。网站中的商品页面详细介绍了商品的创意来源和文化内涵。高质量的图片和详细的描述帮助用户了解产品的细节和设计理念。搜索功能帮助用户快速查找所需的商品和信息。博客文章和资讯栏目提供了与博物馆藏品和展览相关的故事和背景信息，增强用户的文化体验。

大英博物馆为观众提供种类丰富且贴近生活的文创产品，通过便捷、安全且用户体验良好的网络购物平台进行销售。大英博物馆的网上商店在保持研究严谨性的同时，也兼具购物的轻松愉悦，将知识性和娱乐性有机结合，为用户提供全面而丰富的购物体验。

三、文创产品的社群营销

社群营销是基于相同或相似的兴趣爱好，通过某种载体聚集人气，通过产品或服务满足群体需求而产生的商业形态，非常适合文创品牌的推广。因此平台通过集聚对文创产品有浓烈兴趣的目标群体，在社交媒体上进行社群建设、用户生成内容营销、线上活动和用户关系管理等策略，有效地提升文创产品的品牌认知度、用户参与度和销售效果，挖掘追求个性化、热爱文创的潜在顾客，进而实现营销人群的精准定位与品牌的长期发展和价值提升。尤其在互联网飞速发展的今天，各类不同种类的社群已经是普遍存在的。社群表现出数量大、传播快、跨区域等特质，进而形成了社群经济。随着社群经济的暴风式成长，企业的营销传播模式也相应地进行了转变，从针对个体的营销转向针对社群的营销。微信是当前流行的社交软件。当前的文创新媒体营销主要以社群营销为主，集中在微信群，并根据不同的经营系列建立相应的微信群。

微信营销方面采用联合营销：渠道整合实现营销共赢。"黎贝卡的异想世界"是一个微信时尚自媒体平台，拥有千万级粉丝，其用户黏性高，带货能力强。2016年，故宫与"黎贝卡的异想世界"合作了"故宫·猫之异想"联名款首饰系列，如图7-7所示。黎贝卡负责产品款式设计与软文宣传，官方微信"故宫文化珠宝"负责首饰生产和投入渠道，同年情人节线上发售，各类珠宝获得大卖，20分钟售罄400件商品，后又追加了3000件才补足了粉丝的需求。无论在产品形象还是商品转化率方面，双方的联合营销均获得了成功，此次品牌联合成为教科书级的美谈。

图 7-7 "故宫·猫之异想"联名款首饰系列

文创企业微信社群营销模式主要表现为：一是为相同喜好的一群人提供了一个交流交友的地方，例如泉州府话仙群、提起神来咖啡群、泉州影像群、鲤物等不同微信群。通过群里的消费者将各自好友拉入社群，不仅壮大了社群体量、扩大了交友范围，同时也将企业的消费者群体在这个过程中得到进一步扩大；二是提高了活动宣传的有效传播性，将活动通知发布于群内，有意向参加活动的人方便了解相关资讯和参加活动，并且会将活动有针对性地转发给其他友人。这就可以有效地将活动信息传播推广。而活动可以采用关注转发后可以获得一定的优惠福利等措施，加速信息的传播速度和广度。

 **小贴士**

成功的文创产品社群营销案例

故宫博物院通过创造"故宫猫"等IP形象，成功开发了一系列文创衍生品，这一策略体现了故宫在文化传承与现代市场需求之间找到的平衡点。以下是对这一策略的深入说明。

IP形象的创造："故宫猫"是基于故宫内真实存在的猫咪，通过艺术化和人格化的设计，创造出了一系列具有故宫特色的卡通形象。这些形象不仅可爱、易于亲近，还能够激发公众对故宫文化的兴趣和好奇心。

文创产品的开发：以"故宫猫"为主角，故宫博物院推出了各种文创产品，如抱枕、水杯、钥匙扣、文具等。这些产品将故宫猫的形象与日常生活用品结合，既实用又具有装饰性，满足了年轻人追求个性化和文化品味的需求。

文化与审美的结合："故宫猫"系列文创产品在设计上融入了故宫的传统文化元素，如宫廷服饰、古代纹样等，同时采用了现代设计手法和流行色彩，使得产品既有传统文化的韵味，又符合现代审美。

市场推广与销售：故宫通过线上、线下的渠道推广"故宫猫"系列文创产品，如在故宫博物院的实体店销售，同时在电商平台、社交媒体上进行宣传和销售。这种多渠道的营销策略扩大了产品的市场覆盖面，吸引了更多年轻消费者的注意。

文化教育与互动："故宫猫"的形象不仅用于销售文创产品，还用于教育和文化传播。例如，通过故宫猫的故事讲述故宫的历史和文化，以及通过互动活动如设计比赛、主题展览等，增强公众特别是年轻人对故宫文化的参与和体验。

通过这些策略，故宫博物院不仅成功将传统文化与现代生活相结合，还通过创新的方式增强了故宫品牌的活力和吸引力，同时也为传统文化的传播和保护开辟了新的途径。

 讨论题

1. 什么是整合营销？
2. 请你选择一个已经成功营销的产品案例进行分析，并撰写一份案例分析报告。

DESIGN

第八章
文创产品创意设计实践

学习导语

挖掘文化宝藏，将深厚的文化底蕴与现代设计理念相结合，创造出具有独特魅力的文创产品。

在设计项目的教学中，重点培养学生的创意思维，引导他们在从概念构思到产品实现的每个阶段主动面对挑战、捕捉机遇，并深化对专业知识的理解和应用，以实现创新设计的有效转化。

学习目标

1. 深入了解不同文化背景下的故事、符号和传统，这是文创产品设计的根基。

2. 学习如何将创意转化为可视化的设计草图，再通过模型制作、材料选择和工艺技术将设计具象化。

3. 关注产品的功能性、舒适性和互动性，确保设计能够满足用户的需求和期望。

第一节　新时代下的传统文化复兴

在当前新时代的文化复兴浪潮中，传统文化复兴与文创产品设计的实践呈现出一种深度互动与相互促进的关系。从文化传承与创新的学术视角出发，传统文化元素的融入是文创产品设计实践的重要组成部分。纸艺、纹饰、符号学等传统美术元素的现代演绎，不仅涵盖了对民族文化特质的保护和传承，而且体现了文创产品设计在新时代背景下的创新意义。这种设计不仅满足了消费市场的审美需求，而且提升了产品的文化内涵与市场价值。在这个过程中，设计师被赋予了一项关键使命：深入探索并揭露传统文化的深层精神价值，并在此基础上，构建具有创造性的产品设计方案。

现代科技手段在这一复兴过程中扮演着助力角色，特别是在传统文化元素的再创造与数字化表现上。科技的介入使得传统符号能够被高精度复制，并通过虚拟现实（VR）、增强现实（AR）及互动多媒体等形式，向公众展示更为生动的文化面貌。基于新媒体策略的广泛传播，如社交平台、文化展览以及跨媒体营销，进一步促进了传统文化知识的普及和文化影响力的扩张。在这样的推广模式下，设计实践者、企业乃至整个文化产业链的各个参与者需要探寻协同合作的新模式，共同推进文化价值的升华与市场价值的最大化。

将传统美学元素嵌入现代设计理念中，映射出中国传统文化在设计学范畴中的独特地位和影响。传统文化和设计创新在这一融合点上，形成了一种文化递进关系，既秉承了历史与文化的连贯性，又引领了设计创新的前瞻性。这一现象在学术上体现为一种跨学科的交流与渗透，要求设计者具备跨文化视野下的创造力与批判性思维。这种跨领域的整合指向了一个文化与科学兼容并蓄的设计新典范，强调在保持传统文化特性的同时，激发出新的创意与生活方式。

文创产品设计在新时代传统文化复兴的语境中充当了极为重要的角色，这一角色不仅在文化学、设计学和市场经济学领域受到广泛探讨，也在实践领域中呈现出丰富的应用前景。通过对传统文化符号学、美学及其在现代设计中的应用的深入研究，揭示了文创设计中文化传承与创新的紧密融合。当前的设计实践和学术探究共同昭示了一个论点：在创意产品设计中融合传统文化，不仅有助于弘扬优秀传统文化，而且带动了对这些文化的全新诠释，从而为传统文化的现代表达与普及提供了可行之路，并极大地促进了其在全球化背景下的传播与影响力的扩大。

第二节　文创产品开发之路

在当今的文化创意产业实践中，核心信念"创新是灵魂，传统是根基"凸显了创新与传统融合的至关重要性。这种融合不仅孕育出具有吸引力的设计产品，还塑造了文化与科技深度整合的新趋势。通过多方资料搜索和实践探索，可以发现传统文化已成为激发文创产品设计灵感的重要源泉，并以独特的价值在现代设计实践中与创新理念和科技手段相结合，推动着文化创意产业链的演进。文创产品的设计思路正在逐步形成，其理念的差异化和创新性日益凸显，成为新的经济增长点和文化传承方式。因此，文创产业的兴起和理念的发扬为研究当代文化发展提供了全新视角，赋予创新以推动文化前行的核心地位，并将文化作为城市发展的灵魂，突显出传统文化在设计创新中的基础性支持作用。

从实践层面分析，文创产品设计者应遵循差异化和定制化的设计原则，充分挖掘地域精神价值、审美取向和需求等元素，将这些元素转化为设计灵感。地域特色、传统工艺、地标建筑、吉祥图案等都是宝贵的设计素材来源，能够在创新中体现文化的独特性和连续性（图 8-1）。因此，在文创设计过程中，设计师们面临的挑战和使命在于，通过创新手段深入挖掘和有效利用传统文化资源，确保文化传统得到有效传承并不断发展。创新与传统的有机结合，在加强文化传承的同时，满足现代社会多元化和个性化的需求，由此推动文化创意产业的持续繁荣。最终，"创新是灵魂，传统是根基"的理念得以在文创设计实践中充分体现，促进文化与经济的协同增长，为文化创意产业的创新发展树立典范。

图 8-1 手绘山西 古建月球灯

（图片来源：山西博物馆，https://www.shanximuseum.com/sx/shop/choicest.html?Type1）

第三节 文创设计的整体思路与流程

一、设计中的创意思维方法

关键词关联是一种系统性的思维方式，其核心在于通过提炼与特定事物相关的关键词，从而引发更多相关点的探索。这一方法建立在设计师平时有意识的积累基础之上，旨在构建个人关键词库，以便快速准确地触发设计灵感。举例而言，在进行无 logo 设计时，设计师可能会联想到"无印良品"（图 8-2）、"日式极简设计"（图 8-3）等关键词，从而深入挖掘相关灵感。

图 8-2 无印良品店铺

图 8-3 DUSK 玻璃吊灯设计（作者：Sylvain Willenz）

（图片来源：https://www.puxiang.com/galleries/05e8746b041b8f3f5be8a44561859340）

夸张假设作为一种冒险性思考方式，要求设计师摆脱对现实事实和数据的束缚，进而基于大胆假设展开创新思维。这种方法的价值在于激发全新的创意概念，为设计注入崭新视角与可能性（图8-4）。

主题联想发散则是一种通过思维联结不同主题之间的联系，产生全新创意的方法。它鼓励设计师从多角度出发，探索各主题之间的相互关系及潜在结合点（图8-5）。这一方法有助于开阔视野，为设计过程带来更多灵感启示。

图8-4　清明上河图灯

（图片来源：辽宁博物馆，https://www.lnmuseum.com.cn/#/
creative/detail?id=76ee7b0843d2939148c8ea0ea1b1d1c9）

图8-5　寻香紫禁城系列香水

（图片来源：故宫博物院，https://detail.youzan.com/show/
goods?from_source=gbox_seo&alias=366mjpdsftboo）

二、文创设计基础与产品开发流程

（一）文创设计中有效地融合不同文化元素以提升产品的文化价值

在文化创意设计领域中，有效地融合多元文化元素以提升产品的文化价值，首先明晰文化创意产品的界定和宗旨，文创产品乃是将文化作为创新要素，运用前沿设计概念与技巧塑造而成，其独特之处源自设计师的艺术构思和制作者的匠心。这意味着设计师和制作者需深刻理解和挖掘各种文化元素的内涵与特质，娴熟地将这些元素有机融入产品设计中，不仅使产品具备实用性，更赋予其文化内涵与审美价值。以背景墙图案设计为例，运用具有民族特色的图案元素，借助现代设计理念和表现手法对传统民族图案进行创新性转化和当代化演绎，设计作品不仅呈现出独特的文化风格和视觉冲击力，更能激发消费者的文化认同感和民族自豪感（图8-6）。

其次，创新融合是提升文创产品文化价值的关键所在。随着消费者对品质与品牌的日益看重，通过提升文创产品的质量与创意，打造独具特色且具影响力的文化品牌显得势在必行。此需求促使设计师与制作者不断追寻新颖的设计手法与理念，以创新的方式将多元文化元素融汇于产品设计之中，创造出既具创意又体现特定文化价值的商品。

此外，象征风貌融合法是一种实用的方法。此法在一定程度上处理文化元素与现代工业产品的联系，避免某些文创产品给予人"僵硬"感性想象。透过象征风貌的融合，文化元素得以更为自然、和谐地融入产品设计，强化产品的艺术美感与文化内涵。

图 8-6　背景墙图案设计（作者：程婉菁　指导老师：马黎）

　　最终，产品文化价值的提升主要在于企业在产品上增添文化元素以促销。各类文化元素和附加方式带来的附加效应迥异。因此，设计师和制作者必须根据市场需求与消费者喜好，选择适宜的文化元素融合，以期达到提升产品文化价值与市场竞争力的目标。

文创设计中有效融合多元文化思维导图如图 8-7 所示。

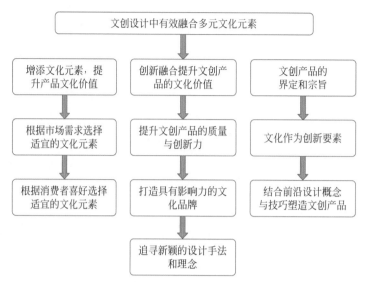

图 8-7   文创设计中有效融合多元文化思维导图

（二）开发流程中进行有效的用户需求分析和市场调研

在文创产品的开发过程中，进行有效的用户需求分析和市场调研是至关重要且不可或缺的环节。这一步涉及对市场趋势、用户喜好以及产品特性等多方面内容的深入了解，从而为产品的开发和推广奠定坚实基础。以下是一些分析与建议。

1. 深度理解用户需求

首要任务是深度理解文创产品的用户需求。这包括对用户群体进行详细细分，以及调研用户群体对文创产品的期待和需求。通过分析用户画像及感兴趣的词条获取灵感是非常必要的。同时，需求分析需要经过数据化的程序，以确保对需求、场景和用户有充分的了解。

2. 市场调研

开展市场调研是了解需求和市场变化的重要途径。在关注商品市场的同时，还应密切留意地方传统文化对文化旅游市场的影响以及对区域文化重要性。通过这些调研，设计师可以更好地把握市场动向，为产品的开发提供正确的方向。

3. 数据分析

运用数据分析方法构建用户需求，比如通过分析国内外文化博物馆旗舰店的销售大数据，完善用户和消费者偏好分析。这种方法有助于准确定位产品的目标用户，增强产品的针对性和吸引力。

4. 交互设计理念

在设计文创产品时，应树立交互设计理念。根据需求分析确定用户的使用需求，确保产品设计能够满足用户的使用习惯和体验需求。

三、文创设计市场营销与品牌战略

（一）情感心理与文化创意设计

在文化创意产品设计过程中，有效融合用户情感和心理需求是至关重要的。首先，必须深入研究新时代的情感化需求以及他们对文化创意产品的期望。通过仔细分析互联网时代背景下的年轻人对文化创意产品的接受现状，可以清晰展示融合情感化设计的紧迫性。要想设计更贴合用户心理需求的产品，学习心理学和消费心理学知识至关重要。设计师需要牢记人们行为、愿望和动机的心理原则，运用心理学原理提升设计效果。

文创产品设计还应立足于文化创意与设计服务，确保产品具备文化内涵和精神消费特质。这就要求在设计过程中不仅要注重外观设计，还要注重产品背后的文化内涵和故事叙述，使产品不单纯是物质表现，而更承载着文化价值和精神享受。

为了提升用户体验，可以将文创设计与营销紧密结合，根据不同消费者层次的需求进行个性化设计。同时，利用叙事理论进行设计，通过感知叙事、行为叙事、情感叙事三个阶段的设计策略，增进用户的情感体验。

1. 感知叙事维度

形态、材质、色彩等视觉元素是文创产品最直接触达用户感知的重要载体，通过精心设计能够引发用户的感知体验。

2. 行为叙事维度

产品的功能设计、交互方式等能够引导用户的行为互动，让产品故事得以讲述和传播。这一维度对于提升用户体验至关重要。

3. 情感叙事维度

文化内涵、情感元素的传递能够增强产品的文化附加值，激发用户的情感共鸣。这是文创产品与一般商品最大的区别所在。

（二）策略和方法

文创设计市场营销与品牌战略是推动文创产品成功进入市场并建立持久影响力的关键因素。以下是一些在这一领域中的关键策略和方法。

1. 市场定位与目标受众分析

（1）明确文创产品的市场定位，识别目标受众的特征、需求和偏好。

（2）通过市场调研和数据分析，深入了解消费者的文化背景和消费行为。

2. 品牌建设与故事叙述

（1）构建独特的品牌形象和故事，将文化元素和创意设计融入品牌识别系统。

（2）利用品牌故事传达产品的价值和文化意义，增强消费者的情感连接。

3. 整合营销传播

（1）采用多种营销渠道和手段，如社交媒体、内容营销、事件营销等，确保品牌信息的一致性和连贯性。

（2）通过整合线上线下资源，提高品牌知名度和市场覆盖率。

4. 产品差异化与创新

（1）通过创新设计和独特的文化元素，打造与众不同的文创产品。

（2）持续研发新产品，满足市场的变化和消费者的新需求。

5. 用户体验与服务设计

（1）关注消费者的购买体验，从产品设计到销售服务的每一个环节都以用户为中心。

（2）设计便捷的购买流程和优质的客户服务，提升用户满意度和忠诚度。

6. 合作与联盟

（1）与其他品牌、机构或艺术家合作，共同开发产品或举办活动，扩大市场影响力。

（2）利用跨界合作的机会，开拓新的市场渠道和消费群体。

7. 可持续发展与社会责任

（1）在产品设计和市场营销中融入可持续发展的理念，关注环保和社会责任。

（2）通过公益活动和文化项目，提升品牌形象，同时为社会做出贡献。

四、文创设计的用户体验设计

在文化创意设计领域，用户体验设计被视为一个涉及多个维度和层次的复杂过程，其涵盖了产品设计中的诸多方面。首要关注的是遵循一系列原则，包括但不限于可用性、可见性和可供性原则，这些基础原则构成了设计成功的基石。在文化创意产品的设计过程中，这意味着确保产品易学易用、容易记忆，并具备用户错用容忍性，同时必须追求用户满意度。

文创产品设计不仅是为了应对用户需求，更重要的是通过服务设计的创新思维方式实现突破。这种方法着重于通过有形或无形服务来满足用户需求。因此，文创产品的用户体验设计必须超越产品的物理形态，深入用户情感和心理领域，以增强产品的吸引力和用户的满意度。交互体验在文化创意产品设计中扮演着至关重要的角色，直接影响用户的使用感受。在信息化时代，良好的交互体验能显著提升产品的易用性和互动性。因此，设计师在设计过程中需思考如何通过交互设计提升用户体验，使用户体验更流畅、更愉悦。

1. 尊重文物历史和文化底蕴

设计文创产品时，应当深刻尊重并充分利用文物历史，通过选择适当的媒介传承和延续文物的功能，使之焕发新生，创造出情节丰富的氛围，以此激发情感共鸣，提升产品的情感和文化价值（图 8-8）。

2. 注重情感共鸣

设计文创产品时，应在庄重文化与大众娱乐之间找到平衡点，通过生动展现积极、乐观的特质和设计亲和力，更好地引发受众的情感共鸣（图 8-9）。

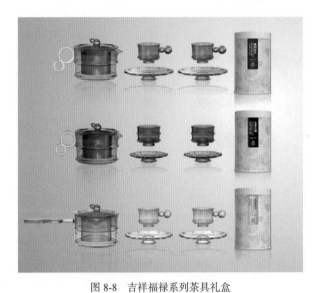

图 8-8　吉祥福禄系列茶具礼盒

（图片来源：故宫博物院，https://detail.youzan.com/show/
goods?from_source=gbox_seo&alias=3nlo0i4tx4pkobx）

图 8-9　四季宫袜·万事荷意系列

（图片来源：故宫博物院文化创意馆，https://detail.youzan.com/show/
goods?from_source=gbox_seo&alias=2xad7jctoyfigdx）

3. 融入情感元素

博物馆文化创意产品设计需融入更多情感元素，以满足人们的情感需求。这意味着在设计中不仅需考虑基本功能，还要注入怀旧情感等元素，以增强产品吸引力和用户情感体验（图 8-10）。

图 8-10　清明上河图·茗香

（图片来源：故宫博物院，https://detail.youzan.com/show/goods?from_source=gbox_seo&alias=3nmwcwa26yy7sdb）

4. 遵循产品设计基本原则

亲和性、对齐、重复、对比等原则有助于营造和谐舒适的设计氛围，同时更好地满足用户情感需求（图 8-11）。

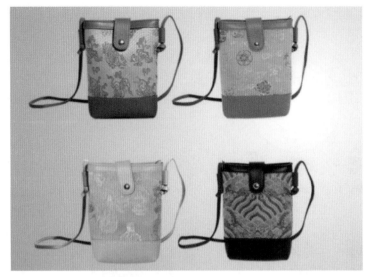

图 8-11　织锦手机包系列

（图片来源：故宫博物院文化创意馆，https://detail.youzan.com/show/goods?from_source=gbox_seo&alias=3nj5rowdknnq0rs）

第四节　文创产品设计教学与项目管理

在全球化的浪潮中，传统文化的传承与保护成为重要议题。新时代的设计师或文化工作者需要通过创新性和前沿性的设计实践将传统文化融入现代生活，推动其复兴并扩大其影响力。体现传统文化韵味的文创产品不仅需要具有历史感，同时要符合现代审美及市场需求。

一、调研相关行业案例和市场趋势

在当前新时代背景下，传统文化的复兴与文创产品的设计实践密不可分。文创产品不仅承载着中华优秀传统文化的传承与转化挑战，更是作为提升文化软实力的重要策略之一。其设计理念与实践手法旨在将文化元素有机融入日常生活，从而满足人们对文化美感的追求。

近年来，随着文化创意产业的蓬勃发展，特别是在互联网与产业升级的大背景下，对文化创意产业的研究与实践更加强调产、学、研一体化，探索高品质文化产品的创新生成，并推动新型文化业态的可持续发展。例如，利用全息幻彩工艺技术成功打造出栩栩如生的龙抬头动画效果，生动展现了传统文化在当代设计创新中的应用。此外，文化创意产品的涌现还有助于挖掘地域文化特色，精准定位市场需求，避免同质化严重问题，以提升本土文化的影响力。

为提升本土文化影响力，文创产品设计首要考虑从文化传承的角度深入剖析文化器物中所蕴含的文化价值和内涵（图 8-12）。这意味着文创产品设计不应简单复制或模仿现有文化元素，而应通过创新设计手法和理念，将传统文化形式化为新颖表达，使其更有吸引力和生命力（图 8-13）。例如，故宫博物院深耕文化资源，开发出符合当代审美的传统文化元素文创产品（图 8-14）不仅提升了产品品质与影响力，还增强了公众对文化的认同与自豪感（图 8-15）。

图 8-12　石犀系列——石犀毛绒公仔

（图片来源：成都博物馆，https://www.cdmuseum.com/cywj/202001/1140.html）

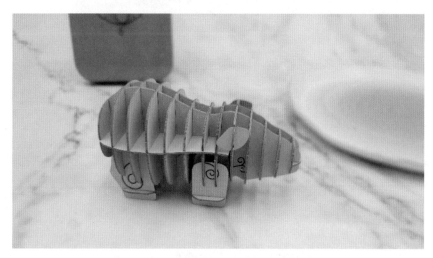

图 8-13　石犀系列——彩萌石犀创意 3D 摆件

（图片来源：成都博物馆，https://www.cdmuseum.com/cywj/202001/1142.html）

图 8-14　月下兰亭印花方巾

（图片来源：故宫博物院，https://detail.youzan.com/show/goods?from_source=gbox_seo&alias=2x6oj5clxvxcopm）

图 8-15 千里江山壶

（图片来源：故宫博物院，https://detail.youzan.com/show/goods?from_source=gbox_seo&alias=2xmpoye0rgcrc）

二、文创产品设计需适应不断变化的市场环境

在新时代的背景下，文化创意产品设计必须迅速适应不断变化的市场环境，这需要摆脱传统僵化的设计思维，准确把握市场定位和消费者需求。设计师应该在实用性、审美性、文化性和时代性等多个层面展开探索，持续创新，努力实现更具独特特色的文化创意产品设计。为了达到这一目标，设计师应该以当地文化独特的文物为灵感来源，深入剖析其内在本质和外在形态特征，从而创造出全新的产品形态。

然而，随着新文创时代的到来，虽然消费市场空间和潜力得到了空前扩展，但行业内也暴露出了一些问题。一些企业和个人的急功近利心态导致产品质量参差不齐，这严重制约了文化创意产业的健康发展。这些问题根源之一在于社会公众版权意识的薄弱。

版权是文化创意产业的核心，它关乎设计师的创作成果能否获得应有的尊重和保护。加强全民的版权意识至关重要。只有当每个人都深刻认识到知识产权的重要性，自觉遵守相关法律法规时，设计师才能在公平有序的环境中充分施展创造力，推动文化创意产业不断向前发展。

在追求创新与突破的同时，还应关注文创产品的实用性和审美性。设计师需要时刻关注日常生活的方方面面，深入了解消费者的真实需求，从而设计出更加符合市场趋势和消费者喜好的产品。

三、大数据时代的动漫文创产品设计与创新

大数据时代对动漫文创产品的设计提出了新的要求和机遇。一方面，设计需要紧密结合大数据分析，精准把握市场定位和消费者需求，实现产品的创新与创意；另一方面，共创式"新文创"模式让消费者能够深度参与创作，与设计者形成良性互动，提升产品的个性化和粉丝认同感。

共创式的"新文创"模式是指文创产品设计过程中，让消费者深度参与创作，与设计者形成良性互动，

共同打造个性化内容和产品的创新模式。通过与消费者合作创作产品，不仅能提升品牌知名度，还可以构建基于个性化 IP 内容的深度互动，调动庞大的粉丝群体积极参与，实现 1+1>2 的效果。这种模式极大地强调了与消费者的互动与参与，有效增强了文创产品在市场竞争中的地位和消费者的满意程度。

　　在新时代下，文创产品设计需要从多个角度进行探索和创新（图 8-16），包括但不限于准确把握市场定位，不断提升实用性、审美性、文化性和时代性的创新，并结合最新技术和大数据进行市场分析和产品开发。同时，需要加强版权保护意识，促进共创式设计模式的发展，以更好地满足消费者日益升级的需求和期许。

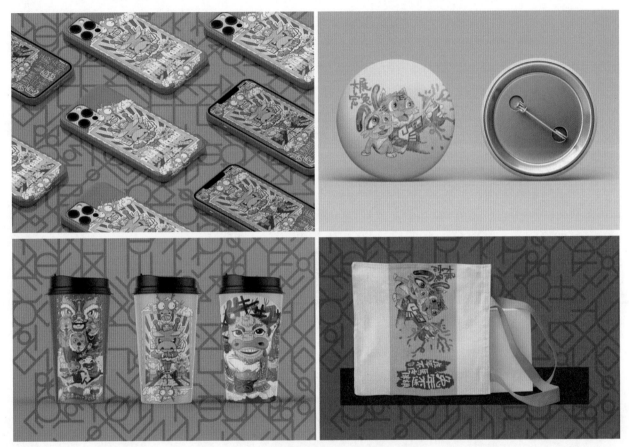

图 8-16　生肖主题系列文创产品（设计者：李隆宇）

四、制定项目时间表和任务分工

（一）有效的文创产品品牌定位和市场调研

　　在文创产品市场，品牌定位是成功的基石。它需体现产品的独特性与优质性，同时深入挖掘文化内涵，与消费者情感共鸣。品牌定位需综合考虑实质利益与情感利益。实质利益涉及产品、服务、环境等直接感知价值；情感利益则涵盖文化、视觉、故事等消费者内心需求。通过创意与独特设计，构建与消费者心灵共鸣的品牌形象。

　　市场调研是文创产品品牌定位的基石。通过深入分析市场需求、消费者偏好与竞争态势，可清晰定位自身市场位置，理解消费者的真实需求。运用大数据分析等科学方法，精准定位目标受众，制定个性化营销策略，提升品牌知名度与美誉度。市场调研还能助力于不断调整产品与服务方向，满足消费者多元化需求，是文创产品市场成功的关键。

（二）文创产品设计项目管理要点

针对文创产品设计项目，制定合理的项目时间表和任务分工至关重要。首先，需要明确整体开发周期并绘制甘特图（图 8-17）划分阶段节点，设置检查评审环节，对项目进度进行全面规划。其次，要根据项目规模组建设计团队明确分工，如总监、设计师、程序员等岗位的具体职责范围，需要将项目拆解为可执行的具体任务，并合理分配给相应团队成员，确保交接顺畅，避免工作重叠遗漏；最后，需评估所需软硬件等资源，制定采购调配方案，保证资源按需及时到位；列出可能风险因素清单并制定应对措施，定期评审风险状况并调整策略。只有事先做好全面细致的计划和分工安排，文创产品设计工作才能高效有序地推进协同一致，避免低效率和纰漏，为项目的顺利实施奠定基础。

图 8-17　绘制甘特图

第五节　实践活动目标

在新时代背景下，文创产品设计实践的目标需从多方面进行确认。首先，实践活动应着眼于传承中华优秀传统文化，并通过融合现代科技和设计理念，探索传统文化的时代价值，激发文化创意产业的活力。其次，在设计过程中，应注重文化内涵，塑造产品独特风格，这是形成独特性的关键所在。同时，运用现代设计手段如全息幻彩工艺技术，将传统文化元素转化为独具亮点的产品，这对传承与创新至关重要。

此外，文创产品设计还需重视文化内涵、创意设计和实用性，以满足消费者对传统文化的需求和偏好。选择与地域文化相关的文化元素相结合的文创产品是传播中国传统文化和传承地域文化的主要展示途径。例如，陕西历史博物馆在设计科普文创产品时（图 8-18），采取创新的策略和多元化的传播方式，以突破传统产品的设计局限和传播模式，为科普文创产品的发展注入新活力，并开拓全新的思考路径。

总体而言，确认实践活动目标，需综合考量传统文化的传承与转化、创新设计理念的运用、文化内涵的深入挖掘以及产品的实用性和可持续性提升。通过这些目标的实现，不仅有助于文化创意产品的推广，也能促进传统文化的复兴和创新。活动目标主要从以下两个方面入手。

图 8-18　陕西历史博物馆虎符送福系列文创产品

（图片来源：陕西历史博物馆，https://www.sxhm.com/product.html）

（1）加强对传统文化的认知和理解。透过具体历史故事和案例分析，深入挖掘传统文化内涵，揭示其核心价值，多维度审视传统文化元素，洞见其与现代生活的内在联系。通过设计实践活动深入探讨传统文化生活环境，更好地让设计者身临其境体验，思考文化传承的深远意义。

（2）提升设计者的设计思维和创意表达能力。引入一系列设计方法和创新工具，例如思维导图、5W1H分析法等，鼓励设计者在传统文化基础上探讨其当代表达与实际应用。通过实际设计项目实践，培养设计者考量环境、用户、材料等多方面因素，激发其创新思维和表达技巧。完善文创产品的整体设计案例，并做有效市场定位之后，设计者有望提出完整的设计方案，并更好地进行市场定位。通过用户研究、市场分析等手段，明确产品目标市场，规划市场传播方式，最终使产品定位于适宜的市场环境。

第六节　融合地域文化元素的文创产品开发策略

一、有效整合并应用地域风采和非遗文化元素

在文创产品设计领域，有效整合并巧妙运用地域风采和非物质文化遗产元素，构成了一项富有挑战性且启发性的任务。首先，地域风采作为大自然的杰作，内含着丰富的美学和灵感。设计师可透过深入体验与观察地域特色，汲取其美的精髓，将之巧妙运用于产品设计之中。例如，借助地域中的色彩、纹理、形态以及地域特色塑造出独特设计元素，赋予产品更为生机盎然的特质和天然美感。

其次，非物质文化遗产作为民族文化的珍贵遗产，具备悠久历史和传统价值。设计师可透过深入探究非遗文化元素，理解其中蕴含的文化内涵与核心要义，将之融合至产品设计中。例如，借鉴非物质文化遗产的工艺技能和图案元素，赐予产品独特的民族风情和传统气息。同时，结合非物质文化遗产的故事叙事及象征意义，设计出能传达文化信息与引发共情共鸣的文创产品，激发消费者对文化的认同与情感共振。

为有效整合并运用地域风采与非物质文化遗产元素，设计师需注重以下几点（图 8-19）。首先，须深度挖掘自然景观与非物质文化遗产的内涵与特质，从中提炼出代表性且独特的元素；其次，需灵活运用设计技法与工艺手法，将地域风采与非物质文化遗产元素智慧融入产品设计，实现自然与文化的巧妙结合；再次，需平衡产品功能性与美学性，确保产品既能满足实用需求，又具备文化品位与艺术价值；最后，需关注消费者的文化认同与审美趋势，准确把握市场需求，确保文创产品具备市场竞争力与吸引力。

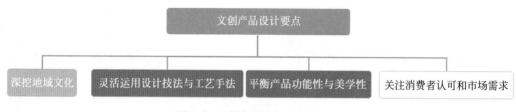

图 8-19 文创产品设计要点思维导图

二、用户研究方法与市场趋势分析

在文创产品设计领域，用户研究方法和市场趋势分析扮演着至关重要的角色。它们共同为文创产品的设计方向和策略提供指引，确保文创产品能够切实满足市场需求并吸引目标用户群。

（一）用户研究方法的重要性

用户研究是一项了解目标用户群体需求、行为和偏好的必需过程。对于设计师而言，用户研究提供了独到的视角，有助于打造更具吸引力的产品。主要的用户研究方法如下。

（1）定量研究：使用在线问卷调查、数据分析等手段，以获取广泛的用户反馈，揭示用户群体的共性特征和趋势。

（2）定性研究：包括深度访谈、焦点小组讨论和参与式观察等方式，能够揭示用户的深层需求和动机。

（3）情境分析：通过构建用户使用场景，理解产品在用户日常生活中的角色和价值。

设计师通过综合运用这些方法，能够多维度地理解用户需求，为设计工作奠定坚实基础。

（二）市场趋势分析的意义

市场趋势分析是通过研究市场发展动态、消费者行为、竞争对手状况以及相关技术和政策走向，从而预测未来市场变化的过程。这种分析对于文创产品设计至关重要，因为它有助于设计师识别新机遇和潜在风险。主要的分析方法如下。

（1）市场需求分析：调查当前市场上的消费者需求和偏好，找出未被满足的需求。

（2）竞争分析：评估竞争对手的产品、市场定位和策略，找到创新差异化点。

（3）技术趋势分析：关注新兴技术如人工智能、虚拟现实等对产品设计和用户体验的影响。

（4）社会文化趋势分析：了解社会文化转变，例如可持续性、个性化等趋势，以及如何影响消费者的购买行为。

第七节 中国传统文化元素在文创产品设计中的应用与评价

一、挖掘中国传统文化在文创产品设计中的运用

文创产品作为文化与创新的交融展现，不仅承载了丰富的传统文化内涵，同时也需适应日益变化的市场环境。在文创产品设计中，设计者需要挖掘中国传统文化的本质特征及其在当代社会的传承与演绎，揭示文

化元素如何在文创产品设计中发挥独特的魅力和价值。同时需要剖析当前的消费趋势、市场需求和未来发展前景，让设计的产品更好地适应市场。

（一）中国传统文化在文创产品中的本质特征

在当今多元化的设计领域中，中国传统文化的独特魅力在文创产品设计中以一种全新的视角得到重新阐释和体现。核心要素的演变不仅促进了深厚文化底蕴的传递，更在全球化背景下强调了文化的无界融合与传承。

首先，文创产品设计不仅仅局限于物品的实用价值，更深层次地在于其所蕴含的深厚文化与生活方式。设计中的文化性与艺术性的结合标志着一个文化传统与现代审美的完美交汇点。由纯粹的材质和工艺出发，巧妙地利用本土文化资源，如习俗、风土人情等，将其融汇成可见且触摸得到的形式，从而打造出饱含故事性和艺术灵魂的产品。例如，山西博物馆推出了一款独具特色的文创产品——国韵华音·文件夹。国韵华音·文件夹巧妙地将山西地区历史悠久的音乐元素"国韵华音"融入设计中。其外观设计汲取了山西传统音乐的精髓，通过精致的图案和流畅的线条，将音乐的韵律和节奏巧妙地呈现出来。每一个细节都经过精心打磨，既展现了山西文化的独特魅力，又体现了现代设计的时尚感。通过对某地区特有的工艺或图案进行再设计，然后注入现代设计理念，使之成为寄托着记忆与新奇体验并存的产品（图 8-20）。

图 8-20　国韵华音·文件夹

（图片来源：山西博物馆，https://www.shanximuseum.com/sx/shop/choicest.html?type1）

此外，文创产品的设计显现出传统美学观念至现代转化的过程。设计者通过对传统元素——无论是图案、色彩、纹饰，还是工艺的精挑细选与重组，将之凝结为一种独特的文化艺术符号。这些经过现代感重新解读的传统文化精髓，不仅保留了文化的原意，同时也追求满足现代审美需求和功能化使用的双重目标。动态的市场需求与静态的传统美学在此得以和谐地共融，构建起一种文化与现代性的双向桥梁。进一步将地域文化作为一种独特的地理和文化印记，其在产品设计中的反映尤为关键。设计师深挖地域文化的核心特征，并将这些特质与美学思想相互融合，参与到整个产品的设计中。这一做法不仅为产品提供了独树一帜的识别特色，更是对当地文化传统的致敬与生动展现，增强了文创产品在国际舞台上的影响力和认同感（图 8-21）。例如，"国韵华音·分页便笺纸"是山西博物馆出品的一款文创产品。本设计旨在将山西的历史文化底蕴与现代生活元素相结合，这款分页便笺纸突破了传统方形设计的局限，采用了与文物原有形态相呼应的异形设计，将山西文化的独特魅力巧妙地融入日常用品中。

图 8-21　国韵华音·分页便笺纸（1）

（图片来源：山西博物馆，https://www.shanximuseum.com/sx/shop/choicest.html?type1）

非物质文化遗产的创新应用在各类文创产品之中获得新生。非物质文化遗产的造型、图案及色彩元素，往往经过重新设计并加入文创产品中，这种创新引领了文化持续的生命力，并且为市场中常见的同质化问题提供了新的解决策略。这不仅保护了非物质文化遗产的独特性，更使得非物质文化遗产能够以更具吸引力且贴近现实的方式来触及和沟通大众（图 8-22）。

图 8-22　国韵华音·分页便笺纸（2）

（图片来源：山西博物馆，https://www.shanximuseum.com/sx/shop/choicest.html?type1）

（二）中国传统文化在当代社会的传承与演绎

中国传统文化的传承与现代文创产品之间的有机结合，正在以一种全新的方式展现在当代社会。设计与开发文创产品时，设计师并非简单复制传统文化元素，而是通过创意和技术的结合，使之复兴于现代环境中，既保留了其核心价值，又赋予了新的时代感和现代感。这种过程不仅启用了创造性转化与发展，还完成了传统精神内涵向现实生活需求的飞跃。正如故宫博物院研发的众多文创产品（图 8-23），它们在继承文化基因的同时，融入现代设计理念，不仅提升了文化产品的吸引力，也增强了文化品牌的影响力，同时反映出中国传统文化的独特魅力以及对当代审美和市场需求的紧密关注。

图 8-23　花开似梦系列线香

（图片来源：故宫博物院，https://detail.youzan.com/show/goods?from_source=gbox_seo&alias=26xxpbumh9s3s20）

文创产品的迅速发展同时推动了文化交流，通过文创产品的广泛传播，更多人开始关注、理解并尊重中国传统文化，这无疑加强了民族文化自信和全球文化多样性的互尊互鉴。文创产品不但促进了传统文化的传播与传承，也为设计师与创作者搭建了展示创意和实现自我价值的平台。今天，文化创意产业的繁荣是打开就业市场新空间的强力引擎，同时也证明了中国文化的经久不衰和时代价值。综上所述，中国传统文化在当代文创产品中的创新性转化与发展，不仅丰富了人们的精神世界，还拓宽了我们对文化传承与演绎方面的认识。

二、文创设计实施方案

活动主题：新时代下的传统文化复兴——文创产品设计实践。文创产品创意设计实践活动方案任务如表 8-1 所示。

表 8-1　文创产品创意设计实践活动方案任务表

阶　　段	时间	任 务 名 称	具 体 细 则
准备阶段	第 1 周	项目启动（第 1 天）	确立项目主题、目标和时间规划
			指定团队角色及分工
			分发任务清单和时间表
	第 1 周	研究和概念化（第 2~3 天）	团队成员收集传统文化资料，包括历史、符号、故事等
			举行创意工坊，各自提出设计概念并分享
设计阶段	第 1 周	草图设计（第 4~7 天）	设计师根据研究成果和创意概念，绘制初步设计草图
			团队成员认真审查并提出修改建议
	第 2 周	研讨和修订方案（第 8~10 天）	召开设计研讨会，针对每个设计方案进行深入讨论
			根据反馈意见对设计方案进行修改和优化
	第 2 周	确定方案（第 11~12 天）	团队再次评审各修订方案，选定最终设计方案
			确定材料、尺寸、颜色等关键设计要素
汇报展示阶段	第 2 周	汇报准备	制作项目汇报 PPT，包括项目概况、设计过程和最终成果
			准备展示所需材料和道具
	第 2 周	项目展示	在展示会上向评委展示设计成果并阐述设计灵感
			回顾整个设计过程，总结经验教训

三、过程性评价量化表

在文创设计领域，一个全面且精细的过程性评价量化表对于提升设计质量、优化项目流程以及确保设计成果的高度专业性具有至关重要的意义。过程性评价量化表 8-2 立足于专业视角，着重评估以下几个核心方面。

首先，需要关注团队合作能力，这不仅考察团队成员间的沟通协作效率，更衡量其是否能够高效协同，共同推进设计进程。其次，项目目标明确度是衡量设计方向是否清晰、是否与市场需求高度契合的重要指标。

在创意设计水平方面，我们强调设计的独特性和创新性，以及是否能够引领行业潮流。文化传承与创新融合程度则是对设计作品在继承传统文化精髓的同时，是否能够融入现代元素、展现时代特色进行全面评估。设计过程规划与执行的评价注重项目管理的严谨性和灵活性，确保设计流程高效、有序。设计成果完整度和实用性则是对设计作品是否完善、是否具备实际应用价值进行专业评估。

最后，展示汇报效果不仅是对设计团队对外展示和沟通能力的检验，更是对设计成果专业性和影响力的综合体现（表 8-2）。

表 8-2　过程性评价量化表

评 价 指 标	分　　　值
团队合作能力	
项目目标明确度	
创意设计水平	
文化传承与创新融合程度	
设计过程规划与执行	
设计成果完整度和实用性	
展示汇报效果	
总分	

注：评分标准是 1 分（不合格）、2 分（合格）、3 分（良好）、4 分（优秀）、5 分（优异）。

第八节　实践案例点评及反思

一、故宫文创设计分析

故宫文创产品设计之所以获得显著成功，主要得益于其对丰富文化元素的深入挖掘与创意利用，其中既包括传统艺术形式如古代书画、非物质文化遗产，也融合了北京地区文化特色，诸如奥运精神与中国龙精神的结合等。这种对文化元素的综合性探索和创新应用，不仅赋予了故宫文创产品丰富的文化内涵和审美价值，而且通过将传统文化与现代设计语言相融合、利用商业插画等现代设计手段以及运用数字技术等策略，大幅提升了产品的趣味性和互动性，有效吸引了广大消费者。尽管故宫文创产品在市场上取得了显著的成就，但其发展同样面临诸如产品同质化、创新不足等问题和挑战。因此，未来故宫文创产品的发展策略需要进一步增强创新能力，避免依赖现有成功经验的同时，更加注重保护和传承传统文化的重要性，确保在满足市场需求的基础上，持续弘扬中国优秀的传统文化，从而实现其可持续发展之路。这一系列故宫文创产品设计与发展的经验与启示对于未来文创产品设计实践具有重要的参考价值，提示我们在保留和传承传统文化的同时，更需不断探索创新的设计理念与方法。

　　故宫文创产品在挖掘与运用中国传统装饰纹样方面表现出了卓越的设计智慧。通过对传统纹样几何结构的重新解读和现代设计手法的融入，设计师成功地将吉祥图案、古韵纹饰转化为实用性与审美相结合的文创产品。在色彩运用上，既保留了经典韵味，又赋予了现代情感，实现了传统文化在当代文化语境中的新生。这种创新模式不仅让传统文化得以在全球化时代中焕发新光彩，也提供了中国文化走向世界的全新途径。考虑到国内外对中国元素的不同诠释与感知，设计过程中需更周密考虑如何深化纹样的表达，使其跨越文化差异，成为国际化的语言。

　　故宫文创将宫廷文化与辽宁地域特色的融合上升为一种文化创新策略。它通过多元文化视角的融合，创造出了包含故宫人物、建筑、文物及地域特色等视觉元素的产品。这种模式的实施不仅丰富了故宫文创产品的文化底蕴，还有助于促进地方文化与国宝级文化遗址的交流互鉴。然而，在不断创新中，设计师们应对文化元素进行精准把握，避免不同文化的随意混搭，确保产品设计既能体现地域文化的独特性，又能和谐衔接宫廷文化的尊贵内涵。

　　在运用中国元素和创新设计方面，故宫文创展现了传统与现代相结合的设计趋势。设计师在提取中国元素本质的基础上，融入当代流行文化和消费者实用需求，如结合时尚元素设计的配饰、服饰及日常用品手机壳、靠枕、手账本等（图8-24）。这种策略不仅提升了产品的市场竞争力，也成功地将中国文化的内涵与意境传达给现代消费者。在设计实践中，仍需不断探索和深化，以确保中国元素的创新使用既保持原有文化内涵，又能符合现代审美和潮流趋势。

图 8-24　故宫文创产品系列设计（作者：马黎）

　　故宫文创产品的形意设计思维应用是一种融合传统和现代的设计哲学。设计师通过解析故宫文化、建筑、历史人物等多种文化基因结合当代设计思潮，进行创新性的设计再造。这种设计方法不仅赋予产品以生动的故事性和深厚的文化意味，而且强化故宫文化的传播力和影响力。在设计发展的过程中，形意设计的进一步深化需要关注用户体验的改善，确保设计既具备文化的深度又能满足现代审美的需求。

　　明清皇家文化的现代商品化处理在故宫文创产品中体现得淋漓尽致。设计师通过对明清皇家文化的独到理解，将折扇、珠宝、雨伞等元素转化为具有时代感的商品。将古老的制作工艺和艺术美感传递给当代消费者，与此同时，也让故宫文创设计中传统文化元素在市场经济中获得了新的价值。在商品化的进程中，我们应持续关注如何在商业利益与文化价值之间寻找平衡点，以避免传统文化的原始精神在商品化中被削弱或忽视。

二、敦煌文创设计分析

　　敦煌文创产品系列的设计体现了对敦煌文化深厚底蕴的挖掘与现代创意设计的结合。以下是对敦煌文创产品系列设计的分析。

1. 敦煌文化元素的提炼与应用

　　在本次文创系列设计以敦煌文化为灵感，深入挖掘并提炼了敦煌的伞元素、云朵元素以及独特的色彩元素。在背包设计中，设计师巧妙地将敦煌壁画中的伞元素融入图案，以云朵元素作为装饰，形成流动且富有层次的视觉效果。包装部分则采用敦煌文化的经典色彩，如红、黄、蓝等，既彰显了敦煌文化的魅力，又提升了产品的整体质感。设计师注重元素的引用方式，确保每一处设计都符合敦煌文化的精髓，为消费者带来独特的文化体验。

　　实用小物：如真丝包、雨伞挂件等，这些产品不仅实用，还通过独特的设计展示了敦煌文化的特色。

　　包装设计：设计师将敦煌壁画中的飞天、藻井、舞蹈、乐器等元素巧妙地融入包装设计中，通过现代化的视觉呈现手法，使其焕发出新的艺术生命力（图8-25）。

图8-25　敦煌文创产品系列设计（作者：马黎）

2. 跨界合作与 IP 授权

该设计旨在将敦煌文化元素与 IP 授权进行跨界合作，打造一个全新的"云游敦煌"IP 形象。在设计中，设计师精选敦煌文化中最具代表性的人物元素，通过卡通化的手法进行处理，使这些古老的人物形象焕发出现代活力。整体色调上，设计师充分运用了敦煌特有的色彩元素，如明艳的辰砂赤、醇厚的赭黄、幽邃的青金石蓝，为 IP 形象增添了浓厚的文化韵味。

在 IP 形象的塑造上，设计师深入探索了敦煌文化的精髓，不仅融入了人物服饰的元素，还巧妙地运用了云朵等敦煌独有的自然元素，构建出一个既传统又现代、既富有文化内涵又极具辨识度的"云游敦煌"IP 形象。这一设计旨在通过 IP 的力量，让更多人了解、喜爱并传承敦煌文化（图 8-26）。

博物馆合作：敦煌博物馆与各大品牌进行跨界合作，如与必胜客、茶百道等，将敦煌文化与现代生活方式相结合。

虚拟形象：敦煌文创公司与抖音仔仔、中国航天博物馆的合作，通过虚拟形象抖音仔仔宣传敦煌文化，拓宽了文创产品的受众群体。

图 8-26　云游敦煌 IP 形象设计，IP 人物形象设计（作者：马黎）

3. 数字化与互动体验

敦煌文化的数字化与互动体验设计旨在通过创新的方式让更多人深入了解和感受敦煌的魅力。敦煌文创公司利用数字技术开发了云游敦煌小程序，利用数字化技术将敦煌的壁画、雕塑等珍贵文物以虚拟现实的形式呈现，使观者能够身临其境地感受敦煌的壮美与神秘。同时，小程序还提供了丰富的互动功能，如虚拟导览、互动问答等，让用户在探索中增长知识，提升体验。

此外，"谁是乐队 C 位"敦煌动画剧的推出，通过生动有趣的动画形式，将敦煌的历史故事和文化元素融入其中。观众在欣赏动画剧的同时，不仅能够了解敦煌文化的内涵，还能通过参与剧情互动，进一步加深对敦煌文化的理解和喜爱。这种数字化的互动体验方式，为敦煌文化的传承与推广开辟了新的途径。

数字藏品：敦煌文创公司利用数字技术，如"云游敦煌"小程序，提供沉浸式的文博之旅，增强用户的互动体验。

动画剧：通过动画剧《谁才是乐队C位》等数字文创产品，结合故事化的内容，让用户在享受娱乐的同时了解敦煌文化（图8-27）。

图8-27 《谁才是乐队C位》IP人物系列形象设计（作者：马黎）

4. 产品系列与品牌建设

系列化产品：敦煌文创公司推出了多个系列，如"多彩敦煌""乐舞飞天"等，形成了丰富的产品线（图8-28）。

品牌商标：注册了"敦煌文创""敦煌风尚"等品牌商标，加强了品牌识别度和市场影响力。

图8-28 敦煌文创系列产品

5. 文化内涵与市场定位

文化内涵：设计师努力在文创产品中赋予更深刻的文化内涵，如通过敦煌壁画盲盒讲述敦煌故事，提升产品的文化价值。

市场定位：敦煌文创产品针对不同消费群体，如推出适合年轻人的潮流产品，以及具有收藏价值的高端文创商品。

6. 创意与实用性的结合

创意设计：敦煌文创产品注重创意与实用性的结合，如冷暖杯的设计既实用又具有敦煌文化特色。

用户体验：产品的设计考虑到用户的使用体验，如敦煌 1900 咖啡的包装设计，结合了文化元素与现代生活方式（图 8-29）。

图 8-29　敦煌 1900 咖啡

通过上述分析，可以看出敦煌文创产品系列设计不仅注重文化的传承与创新，还兼顾市场的多样性和用户的体验需求。设计师们通过巧妙地将敦煌文化元素与现代设计相结合，创造出既具有文化深度又符合市场需求的文创产品，有效地推动了敦煌文化的传播和发展。

三、案例点评

案例 1：故宫文创产品系列点评

优点：充分挖掘了故宫文化元素，将其巧妙地融入产品设计中，增强了产品的文化内涵。采用创新的设计形式，如 3D 构建、AR 交互等，提升了产品的互动性和体验感。

需改进：在产品功能设计上还有进一步优化的空间，可以更好地服务于消费者的日常需求。部分产品造型过于复杂，影响使用体验。

案例 2：敦煌文创产品系列点评

优点：深度挖掘敦煌文化元素，将其抽象化并富有创意地运用于产品设计中，体现了鲜明的地域特色。部分产品设计注重实用性，兼顾了文化传播与功能需求。

需改进：在产品形态、交互等方面还可以进一步创新突破，让消费者有更沉浸式的体验。部分产品包装设计有待改进，需要更好地传达文化内涵。

总体反思如下。

文创产品设计需要在文化内涵、功能体验、情感联结等维度全面发力，三者缺一不可。

（1）充分挖掘文化元素。充分挖掘文化元素的同时要注重产品的实用性和美学价值，实现文化与消费需求的有机融合。

（2）注重创新设计。将前沿技术手段与文化特色巧妙结合，提升产品的交互性和体验感。

（3）优化产品包装设计。让文化内涵得到更好的视觉传达和体现。

总之，文创产品设计只有全方位系统思考和平衡把控，才能真正打造出富有文化内涵、体验价值的优秀作品。

四、学生实践案例点评及反思要求

在进行每个项目的实践活动之后，学生们需要撰写一份详尽的书面报告并制作 PPT，以此来全面总结和反思整个项目的经历。在展示中，学生们应当详细描述项目在实施过程中遇到的难题和挑战，并讨论在应对这些挑战时采取了哪些具体的策略，这些策略是否奏效，以及由此带来的积极成果是什么。成果不仅限于成功实现的目标，也包括较为抽象的收获，比如团队沟通能力的提升、问题解决技巧的增强或对本专业知识理解的加深。

对于那些成效显著的项目，PPT 汇报中应深入剖析是哪些关键因素构成了成功的基础，这些因素可能包括创新的设计思路、有效的团队合作、充分的前期市场调研或高效的执行能力等。教师对于成功案例分析和探究其背后的成功因素，对于未达预期的设计则需分析原因，并在以后的实践中改进。通过持续的自我评估和同学互评，促进学生深层次的反思和学习。

学生文创产品设计的实践案例点评和反思如下。

1．案例选取

选择具有代表性和典型性的学生文创产品设计案例，既可以是学校项目展示，也可以是学生作品竞赛等。关注案例是否体现了对文化元素的深度挖掘和创新运用。

2．设计亮点分析

（1）文化内涵：案例是否充分吸收和传达了相关文化特色和内涵，体现了文化创意的价值。

（2）功能体验：案例在产品形态、交互方式等方面的创新设计是否能够带来良好的使用体验。

（3）情感共鸣：案例是否能够引发消费者的情感共鸣，增强文化认同感和情感联结。

3．设计不足反思

（1）文化元素应用是否巧妙自然，是否存在生硬或刻板印象的情况。

（2）功能设计是否过于注重形式美而忽视实用性，或者过于功能化而缺乏创意。

（3）情感诉求是否能够与目标群体产生共鸣，是否存在脱离实际需求的问题。

4．改进建议

（1）提出针对性的改进方向，如如何更好地挖掘文化内涵、提升产品体验、增强情感共鸣等。

（2）结合前沿技术手段，提出创新实践的建议，如运用 AR/VR、人工智能等。

（3）注重跨学科视角，提出多元化的改进思路，如加强产品设计与市场研究、用户洞察等环节的协同。

第九节　文创产品设计教学实践案例

文创设计强调创意和独特性，设计者尝试思考不同的方式来表达文化和价值观，不要害怕冒险和创新，需要深入理解不同文化的元素，熟练使用图形设计工具、软件和其他必要的技术，文创设计应该是有趣的，在享受创造和表达文化的过程中，激发更多的创意。

一、课程介绍

"文创产品设计"课程是产品设计专业的一门专业课程。该课程致力于以文化提取、文化表达为主要创意来源，激发学生的创意思维，鼓励学生勇敢尝试，帮助学生发现并挖掘自己的设计潜力。课程让每个学生从文化内容提取，进行文化产品调研、分析、定位，根据产品设计流程与方法进行汇报分享，以作业为项目体验入门级设计师如何一步步从文化到产品完成自己的文创产品设计过程。

二、实践案例

1. 梦伴假期系列文创设计

基于旅行主题的文创产品设计。开发富有文化内涵和创意元素的旅行主题文创产品系列；以自然生态、神话传说等元素为灵感，诠释不同地域的文化特色；设计一致的品牌形象 logo、包装视觉、产品标识等系统性元素（图 8-30）。

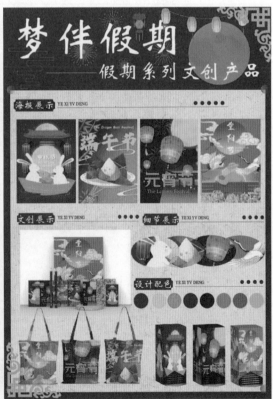

图 8-30　梦伴假期系列文创设计（设计者：苑越　指导老师：马黎）

2. 剪纸艺术文创产品设计（1）

深入了解传统剪纸艺术的历史文化背景、技法特点、代表性图案等；提取具有代表性的剪纸艺术元素，如吉祥图腾、花鸟图案等；运用现代设计理念和方法，将传统元素融入文化衍生产品设计的应用中（图 8-31）。

图 8-31 剪纸艺术文创产品设计（1）（设计者：朱梦露 指导老师：马黎）

3. 传统纹样丝巾设计

研究不同时代和地域的经典传统纹样，如吉祥图腾、吉祥花卉等；选择具有代表性的传统纹样元素，如团花、牡丹、蝴蝶等；注重传统元素与时尚元素的有机融合，体现文化内涵与流行趋势的平衡；制作丝巾样品或模型，展示作品的视觉效果和材质感受（图 8-32）。

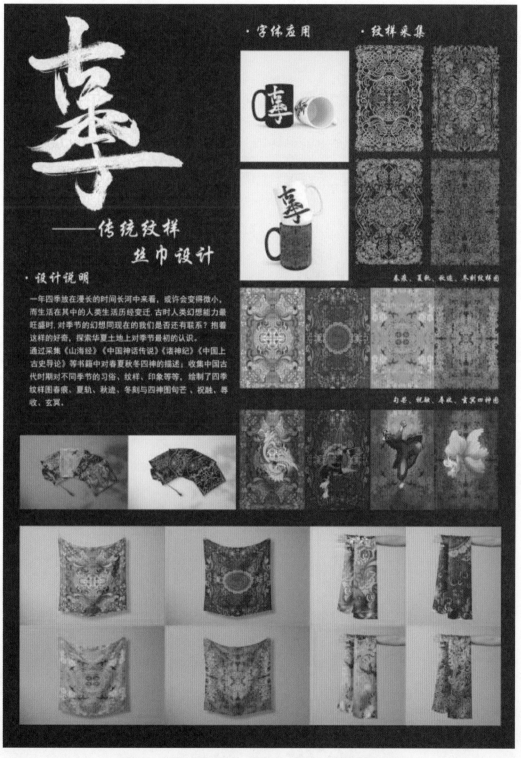

图 8-32 传统纹样丝巾设计（设计者：蔡颖 指导老师：马黎）

4. 羌族女神文创产品设计

了解羌族历史文化和神话传说中的"女神"形象特征；提取具有代表性的"女神"文化元素，如图腾、花纹、色彩等；制作产品样机或模型，展现设计成果的视觉效果；产品设计体现传统文化元素与现代生活需求的有机融合（图 8-33）。

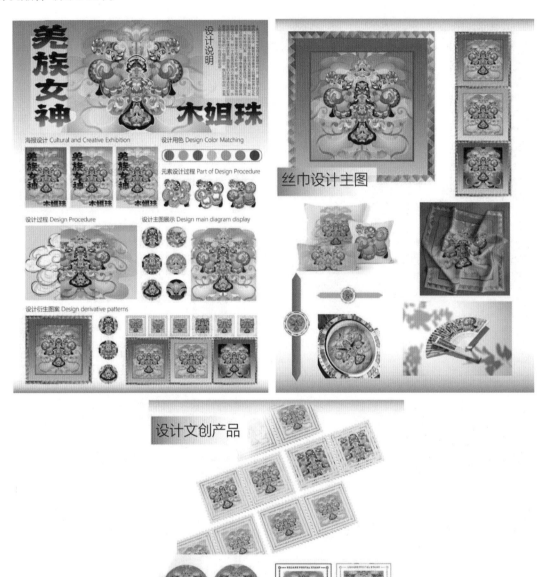

图 8-33 羌族女神文创产品设计（设计者：程婉菁 指导老师：马黎）

5. 祥舞瑞狮文创产品设计

深入挖掘中国传统狮舞文化的历史渊源和民俗特色。全面了解中国各地狮舞文化的起源、表演形式、装饰元素等，将这些元素融入生活用品的外观造型、图案装饰、材质工艺等设计中。在保持整体风格统一的基础上，针对不同产品类型进行差异化设计（图 8-34）。

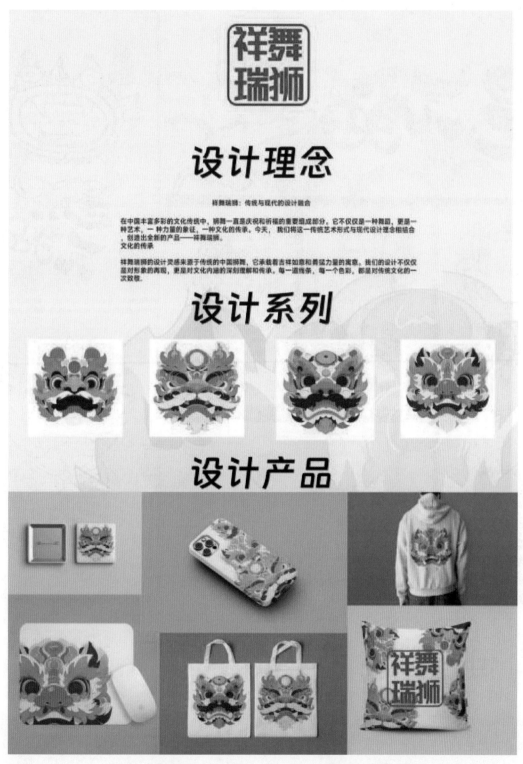

图 8-34　祥舞瑞狮文创产品设计（设计者：刘志豪　指导老师：马黎）

6. 瓦猫文创产品设计

全面了解瓦猫的历史起源、造型特征、文化内涵等。分析瓦猫形象在视觉上的表现元素，如造型、色彩、纹饰等，选择具有代表性的瓦猫视觉元素，如造型、图案、色彩等，力求营造出富有地域特色、可爱趣味的视觉效果（图8-35）。

图8-35 瓦猫文创产品设计（设计者：赵晓晓 指导老师：马黎）

7. 剪纸艺术文创产品设计（2）

设计说明：深入挖掘中国传统剪纸艺术的文化内涵和视觉表达特点。将剪纸艺术元素创新性地融入日常生活用品的设计中，提升文创产品的艺术性和文化价值，增强消费者的文化认同感，注重产品实用性、美学性与剪纸艺术特色的有机融合，力求营造出富有韵味、喜庆、温馨等情感氛围的视觉体验（图8-36）。

"**剪纸艺术**" PAPER-CUT
——影、瓷、戏
"SHADOW PLAY, PORCELAIN, DRAMA"

设计说明 ● DESIGN SPECIFICATION

中国剪纸是一种用剪刀或刻刀在纸上剪制花纹,用于装点生活或配合其他民俗活动的民间艺术.剪纸具有广泛的群众基础,交融于各族人民的社会生活,是各种民俗活动的重要组成部分.因此我将剪纸与其他中国非遗文化进行了融合二创,赋予非遗文化的多面性,让大家看到非遗文化可运用的可塑性.让大家以更直观的方式去了解喜爱非遗文化.

设计元素 ● DESIGN ELEMENT

· 传统图纹　　· 皮影戏　　· 青花瓷　　· 戏剧

设计运用 ● DESIGN AND APPLICATION

图8-36　剪纸艺术文创产品设计（2）（设计者：张奕灵　指导老师：马黎）

8. 云南风采文创产品设计

设计说明：全面了解云南主要少数民族的历史传统、生活方式、艺术特点等，营造出富有民族风情、生机勃勃的视觉氛围，设计具有代表性的品牌 logo 和统一的视觉形象识别系统（图 8-37）。

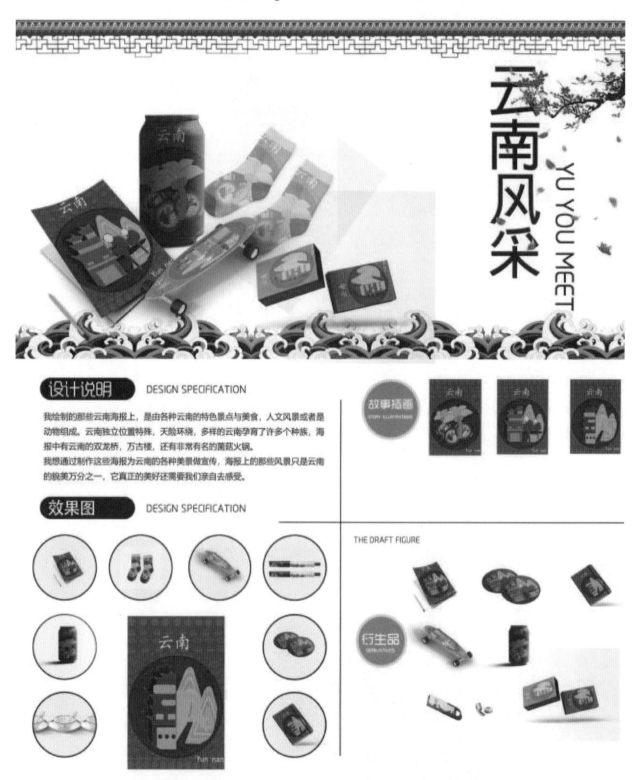

图 8-37　云南风采文创产品设计（设计者：叶蕾　指导老师：马黎）

9. 山海异闻录文创产品设计

全面了解《山海经》的历史渊源、内容体系、视觉表达特点等，深入分析《山海经》中的神奇动物形象和古朴图腾符号。将这些元素巧妙地融入家居装饰品、文具用品、服饰配件等生活用品的设计中。设计一个包含多种生活用品类的山海异闻录文创产品系列，打造既富有收藏价值又实用性强的文创产品系列（图 8-38）。

图 8-38　山海异闻录文创产品设计（设计者：汤成跃　指导老师：马黎）

图 8-38（续）

山海异闻录
神谕

麒麟

设计说明

　　整个设计的是一个参考了道教符文，以西方欧洲塔罗牌为灵感的牌面，主体是一个麒麟，在不过于改变山海经的基础上发挥了自己的想法，与中国古风服饰相结合，在设计上采用了中国古代纹样，每一个卡面上的文字是甲骨文或金文，营造神秘感也十分贴近主题。

设计元素

设计产品系列

图　8-38（续）

10. 绒花饰品产品设计

将绒花元素创新性地融入现代装饰性饰品的设计中，分析绒花在视觉、触感等方面的艺术表现特点，将这些元素巧妙地应用到装饰挂件、首饰配件、小型摆件等饰品设计中。在统一的绒花风格基础上，针对不同产品类型进行差异化设计（图 8-39）。

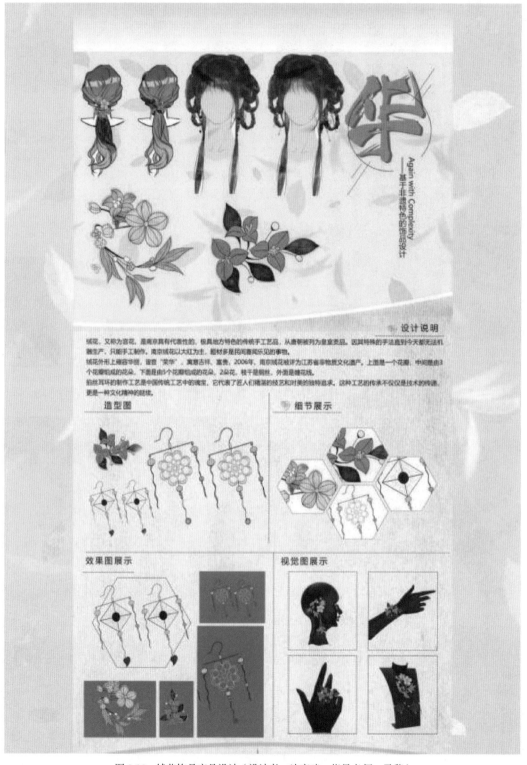

图 8-39 绒花饰品产品设计（设计者：沈言琦　指导老师：马黎）

11. 蝴蝶文创产品设计

以蝴蝶元素为创意源泉的生活用品文创设计。该设计分析蝴蝶的形态特征、色彩变化、飞舞姿态等视觉特点，在统一的蝴蝶文化风格基础上，针对不同品类进行差异化设计（图8-40）。

图 8-40 蝴蝶文创产品设计（设计者：李婧瑶 指导老师：马黎）

12. 龙年大吉文创产品设计

以中国传统"龙"文化元素为创意源泉的文创产品设计。通过设计提升"龙"文化的传播影响力，增强消费者的文化认同感。全面了解中国传统"龙"文化的历史渊源、吉祥寓意、视觉形态等。将这些元素巧妙地应用到文具用品、家居摆设、服饰配件等生活用品中，设计一个包含多种生活用品品类的"龙年大吉"文创产品系列（图 8-41）。

图 8-41   龙年大吉文创产品设计（设计者：计辰蓉   指导老师：马黎）

讨论题

1. 在文创产品创意设计中，如何平衡传统元素与现代审美？

2. 在设计实践中，有哪些方法提高团队的创意思维能力？

3. 文创项目所需的各种资源从何处获取？

参 考 文 献

[1] 陈晓燕. 文化创意产品设计 [M]. 武汉：华中科技大学出版社，2016.

[2] 郑源，李琳. 文化创意产品设计与开发 [M]. 北京：高等教育出版社，2018.

[3] 崔凯. 文化创意产品设计实践教程 [M]. 西安：西安交通大学出版社，2019.

[4] 朱姝颖. 文化创意产品设计方法与实践 [M]. 上海：同济大学出版社，2020.

[5] 赵建军，李国芳. 文化创意产品设计概论 [M]. 北京：机械工业出版社，2021.

[6] 庞丽娟，徐佳. 文化创意产品设计教程 [M]. 南京：江苏凤凰科学技术出版社，2022.

[7] 王东亮. 文化创意产品设计与开发 [M]. 武汉：华中科技大学出版社，2023.

[8] 李艳娇. 文化创意产品设计实践与创新 [M]. 天津：南开大学出版社，2023.

[9] 周颖. 文化创意产品设计理论与应用 [M]. 北京：高等教育出版社，2024.

[10] 刘凯. 文化创意产品设计与制作教程 [M]. 成都：西南交通大学出版社，2024.

[11] 张敬波. 文化创意产品设计实践指南 [M]. 北京：中国轻工业出版社，2018.

[12] 王思思. 文化创意产品设计与开发案例集 [M]. 上海：同济大学出版社，2019.

[13] 林东亮. 文化创意产品设计的理论与方法 [M]. 南京：东南大学出版社，2020.

[14] 马建国，刘静. 文化创意产品设计创新与知识产权保护 [M]. 北京：机械工业出版社，2021.

[15] 孙恒. 文化创意产品设计与生产管理 [M]. 杭州：浙江大学出版社，2021.

[16] 陈丹，黄琳. 文化创意产品设计与品牌运营 [M]. 广州：广东高等教育出版社，2022.

[17] 李杨. 文化创意产品设计创新与商业模式 [M]. 武汉：华中科技大学出版社，2023.

[18] 杨慧慧. 文化创意产品设计与消费行为研究 [M]. 上海：复旦大学出版社，2023.

[19] 张惠. 文化创意产品设计与可持续发展 [M]. 北京：中国建筑工业出版社，2024.

[20] 王凯，刘佳. 文化创意产品设计与用户体验优化 [M]. 南京：东南大学出版社，2024.

[21] 张丽娟. 基于文旅融合视角下塑料制品在文创产品设计中的应用 [J]. 塑料科技，2020，48（7）：145-148.

[22] 肖博心. 基于 SLM 技术的金属文创产品参数化设计 [D]. 西安：西安理工大学，2022.

[23] 袁强亮. 当代中国博物馆文创产品营销实践分析 [J]. 文物鉴定与鉴赏，2017（8）：103-105.